W0190949

WISSEN FÜR DIE PRAXIS

Weiterführend empfehlen wir:

Finanzielle Sicherheit bei langer Krankheit
ISBN 978-3-8029-4129-0

Das richtige Hilfsmittel für mich
ISBN 978-3-8029-7589-9

Weitere Titel unter: www.WALHALLA.de

Wir freuen uns über Ihr Interesse an diesem Buch. Gerne stellen wir Ihnen zusätzliche Informationen zu diesem Programmsegment zur Verfügung. Bitte sprechen Sie uns an:

E-Mail: WALHALLA@WALHALLA.de

http://www.WALHALLA.de

Walhalla Fachverlag · Haus an der Eisernen Brücke · 93042 Regensburg

Telefon 0941 5684-0 · Telefax 0941 5684-111

Inhaltsverzeichnis

Ihre Rechte als gesetzlich Krankenversicherter

Seit dem Frühjahr 2020 beherrscht die Corona-Pandemie die öffentliche Diskussion in Deutschland. War in den letzten Jahren das deutsche Gesundheitswesen zunehmend in die Kritik geraten, so zeigte sich in dieser Krisensituation – und vor allem im internationalen Vergleich – die hohe Stabilität des deutschen Gesundheitswesens und insbesondere der Krankenhäuser und Intensivstationen, sodass uns ähnliche Entwicklungen hinsichtlich der Überlastung des Gesundheitssystems wie in anderen Ländern Europas oder der Welt erspart geblieben sind.

Das Gesetz zur Verbesserung der Gesundheitsversorgung und Pflege (GPVG) sieht für das Jahr 2021 einen einmaligen zusätzlichen Steuerzuschuss in Höhe von fünf Milliarden Euro vor, um die Finanzen der gesetzlichen Krankenversicherung (GKV) zu stabilisieren und pandemiebedingte Mehrausgaben auszugleichen. Danach haben die Krankenkassen 2021 anteilig rund acht Milliarden Euro aus ihren Beitragsreserven an den Gesundheitsfonds abzuführen. Die Obergrenze für die Finanzreserven wird von bisher 1,0 Monatsausgaben auf 0,8 Monatsausgaben abgesenkt.

Dies führte dazu, dass zum 01.01.2021 der durchschnittliche Beitragssatz in der Krankenversicherung von 1,1 Prozent auf 1,3 Prozent angehoben wurde. Es bleibt abzuwarten, wie sich nach der Bundestagswahl im September 2021 die politische Situation in Deutschland darstellt und welche Folgewirkungen dies für die gesetzliche Krankenversicherung haben wird.

Trotzdem verfügt das deutsche Krankenversicherungssystem über einen großen und umfangreichen Leistungskatalog. Dieser Leistungskatalog wird im Rahmen der Gesetzgebung immer wieder ergänzt bzw. an aktuelle Entwicklungen angepasst.

So wurden mit dem Terminservice- und Versorgungsgesetz (TSVG) vom 11.05.2019, dem digitalen Versorgungsgesetz (DVG) vom 09.12.2019 und dem Patientendaten-Schutzgesetz (PDSG) vom 14.10.2020 die gesetzlichen Voraussetzungen für die elektronische Patientenakte geschaffen, welche alle gesetzlich Krankenversicherten seit dem 01.01.2021 auf Wunsch nutzen können. Auch die technischen Rahmenbedingungen zur Nutzung des mit dem Gesetz für mehr Sicherheit in der Arzneimittelversorgung (GSAV) eingeführten elektronischen Rezepts (E-Rezept) wurden geregelt. Schließlich sollen Facharzt-Überweisungen künftig auch digital übermittelt werden können. All diese Vorgänge werden über die Telematikinfrastruktur im Gesundheitswesen (TI) abgewickelt. Der Gesetzgeber nennt „Patientensouveränität" als wichtigsten Anspruch.

Mit dem Fairer-Kassenwettbewerb-Gesetz (GKV-FKG), welches am 01.01.2020 in Kraft getreten ist, verfolgt die Bundesregierung im Wesentlichen zwei Ziele: die Weiterentwicklung des Risikoausgleichs zwischen den Krankenkassen (morbiditätsorientierter Risikostrukturausgleich, kurz Morbi-RSA) und eine Reform der Organisationsstrukturen des GKV-Spitzenverbandes. Dadurch soll der Wettbewerb zwischen den Krankenkassen fairer gestaltet werden. Auch die Möglichkeiten für einen Kassenwechsel wurden ab dem 01.01.2021 für die Versicherten deutlich erleichtert, indem die bisherige Kündigung der alten Krankenkassen entfallen ist und die Mindestbindungsfrist an die Krankenkasse von 18 auf 12 Monate verkürzt wurde.

Das Gesetz zur Stärkung der intensivpflegerischen Versorgung und Rehabilitation vom 29.10.2020 sieht vor, dass Ärzte auch ohne vorherige Prüfung der medizinischen Notwendigkeit durch die Krankenkasse eine geriatrische Reha verordnen dürfen. Wenn Versicherte sich für eine Einrichtung entscheiden, die nicht von der Krankenkasse bestimmt wurde, bezahlen sie nur noch die Hälfte damit verbundener Mehrkosten selbst.

Die bisherige Höchstdauer von 20 Tagen bei ambulanter Behandlung und drei Wochen bei stationärer Behandlung sollen bei einer geriatrischen Rehabilitation als Regeldauer gelten. Bei allen anderen vertragsärztlich verordneten Rehabilitationsmaßnahmen dürfen Krankenkassen laut Gesetz die medizinische Erforderlichkeit der Maßnahme nur auf Grundlage einer gutachterlichen Stellungnahme des Medizinischen Dienstes in Zweifel ziehen.

Bei all diesen Änderungen ist es für den Versicherten manchmal nicht leicht zu erkennen, auf welche Rechte er Anspruch hat und wie er diese

Leistungen beantragen kann. Dieses Buch will dazu beitragen, die eigenen Leistungsansprüche zu kennen und diese auch durchzusetzen.

Ausschließlich aus Gründen der besseren Lesbarkeit wurde auf die gleichzeitige Verwendung männlicher und weiblicher Sprachformen verzichtet, ohne damit jedoch eine Diskriminierung zum Ausdruck bringen zu wollen.

München, im Juni 2021
Ralf Hauner

Abkürzungen

Abs.	Absatz
AU-Beschei-nigung	Arbeitsunfähigkeitsbescheinigung
BAföG	Bundesausbildungsförderungsgesetz
BGB	Bürgerliches Gesetzbuch
BMP	Bundeseinheitlicher Medikationsplan
BSG	Bundessozialgericht
BVerfG	Bundesverfassungsgericht
BVG	Gesetz über die Versorgung der Opfer des Krieges
DiGA	Digitale Gesundheitsanwendungen
DVG	Digitales Versorgungsgesetz
EFZG	Entgeltfortzahlungsgesetz
eGK	elektronische Gesundheitskarte
eMP	elektronischer Medikationsplan
ePA	elektronische Patientenakte
EStG	Einkommensteuergesetz
ff.	fortfolgende
G-BA	Gemeinsamer Bundesausschuss
GdB	Grad der Behinderung
GdS	Grad der Schädigungsfolgen
GG	Grundgesetz
GKV	Gesetzliche Krankenversicherung
GKV-FKG	Fairer-Kassenwettbewerb-Gesetz
GPVG	Gesetz zur Verbesserung der Gesundheitsversorgung und Pflege
GSAV	Gesetz für mehr Sicherheit in der Arzneimittelversorgung
IGeL	Individuelle Gesundheitsleistungen
KIG	Kieferorthopädische Indikationsgruppen
LPartG	Lebenspartnerschaftsgesetz

MdE	Minderung der Erwerbsfähigkeit
MDS	Medizinischer Dienst des Spitzenverbandes Bund der Krankenkassen
MuSchG	Mutterschutzgesetz
PDSG	Patientendaten-Schutzgesetz
SchKG	Schwangerschaftskonfliktgesetz
SGB	Sozialgesetzbuch
SGB I	Sozialgesetzbuch – Erstes Buch (Allgemeiner Teil)
SGB II	Sozialgesetzbuch – Zweites Buch (Grundsicherung für Arbeitsuchende)
SGB III	Sozialgesetzbuch – Drittes Buch (Arbeitsförderung)
SGB V	Sozialgesetzbuch – Fünftes Buch (Gesetzliche Krankenversicherung)
SGB IX	Sozialgesetzbuch – Neuntes Buch (Rehabilitation und Teilhabe von Menschen mit Behinderungen)
SGB XI	Sozialgesetzbuch – Elftes Buch (Soziale Pflegeversicherung)
SGB XII	Sozialgesetzbuch – Zwölftes Buch (Sozialhilfe)
SGB XIV	Sozialgesetzbuch – Vierzehntes Buch (Soziale Entschädigung)
StGB	Strafgesetzbuch
TSVG	Terminservice- und Versorgungsgesetz

1.

Gesundheitsförderung, Krankheitsverhütung, medizinische Vorsorge

1

Überblick

Die gesetzlichen Krankenkassen sind verpflichtet, ihren Versicherten Leistungen zur Förderung des selbstbestimmten gesundheitsorientierten Handelns (Gesundheitsförderung) und zur Verhütung von Krankheiten bzw. Krankheitsrisiken anzubieten; dazu zählen auch Leistungen der medizinischen Vorsorge. Welche Leistungen anzubieten sind und wer diese erhalten kann, erfahren Sie in diesem Kapitel. Hier ein Überblick über mögliche Leistungen, die im Folgenden näher erläutert werden. Wer den Gesetzestext nachlesen möchte, findet die Regelungen in den §§ 20 bis 24 SGB V.

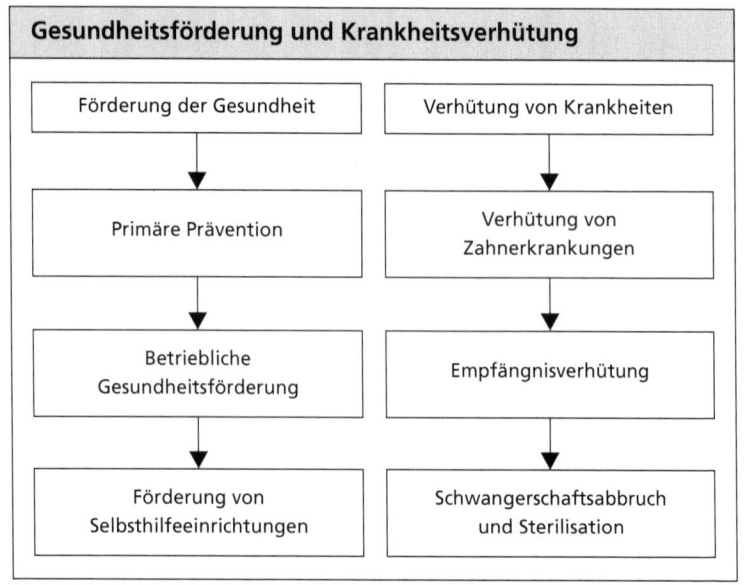

Prävention und Selbsthilfe für den Versicherten

Die gesetzlichen Krankenkassen sind verpflichtet, in ihren Satzungen Leistungen zur Verhinderung und Verminderung von Krankheitsrisiken (primäre Prävention) sowie zur Förderung des selbstbestimmten gesundheitsorientierten Handelns der Versicherten (Gesundheitsförderung) zu definieren und den Versicherten anzubieten. Diese Leistungen sollen insbesondere dazu beitragen, sozial bedingte sowie geschlechtsbezogene Ungleichheit von Gesundheitschancen zu vermindern. Welche Leistungen genau von der jeweiligen Krankenkasse angeboten werden, ist von dieser wählbar; allerdings muss sie dabei die von den Spitzenverbänden der Krankenkassen festgelegten Handlungsfelder und Kriterien – insbesondere hinsichtlich des Bedarfs, der Zielgruppen, der Zugangswege, des Inhalts und der Methodik – beachten.

Als prioritäre Handlungsfelder sind insbesondere folgende Bereiche vorgesehen:

- Bewegungsgewohnheiten (z. B. Förderung der Herz-Kreislauf-Funktion)
- Ernährung (Vermeidung von Mangel- und Fehlernährung)
- Stressreduktion/Entspannung
- Genuss- und Suchtmittelkonsum
- Brustkrebs: Mortalität vermindern, Lebensqualität erhöhen
- Depressive Erkrankungen: verhindern, früh erkennen, nachhaltig behandeln

> **Praxis-Tipp:**
>
> *Erkundigen Sie sich bei Ihrer Krankenkasse, welche Satzungsleistungen die Krankenkasse vorsieht und inwieweit Maßnahmen zur Prävention von Ihrer Krankenkasse unterstützt werden. Häufig bieten die Krankenkassen auch Leistungen im Zusammenhang mit Bonusprogrammen an.*

Gesundheitsförderung in Lebenswelten

Die Krankenkassen erbringen die Leistungen auch in sog. Lebenswelten. Lebenswelten sind nach § 20a Abs. 1 SGB V „für die Gesundheit bedeutsame, abgrenzbare soziale Systeme insbesondere

- des Wohnens,
- des Lernens,
- des Studierens,
- der medizinischen und pflegerischen Versorgung sowie
- der Freizeitgestaltung einschließlich des Sports."

Die Leistungen sollen also auf die Lebensräume der Menschen einwirken, in denen Einfluss auf die Bedingungen für Gesundheit genommen werden kann. Die im Gesetzestext aufgeführten Bereiche sind dabei nur beispielhaft genannt. In der Praxis bedeutsam sind insbesondere Leistungen zur Erlernung von gesundheitsförderlichen Erlebens- und Verhaltensweisen in Kindertagesstätten und Schulen; hier erworbene Kenntnisse können dann auf die Familien ausstrahlen.

Die Krankenkassen müssen bei Erbringung von Leistungen in den Lebenswelten mit der Bundeszentrale für gesundheitliche Aufklärung kooperieren bzw. mit dem öffentlichen Gesundheitsdienst zusammenarbeiten; dies gilt insbesondere für Aufbau und Stärkung gesundheitsförderlicher Strukturen.

Auch kassenübergreifende Leistungen zur Gesundheitsförderung und Prävention in den Lebenswelten sollen in Zusammenarbeit zwischen den Krankenkassen entwickelt werden.

Ein weiteres Kooperationsfeld ist die gesetzlich vorgeschriebene Zusammenarbeit der Krankenkassen mit der Bundesagentur für Arbeit bzw. den Jobcentern bei der Erbringung von Leistungen für Personen, deren berufliche Eingliederung aufgrund gesundheitlicher Einschränkungen besonders erschwert ist (vgl. § 20 Abs. 1 Satz 5 SGB V).

Betriebliche Gesundheitsförderung

Auch das „Unternehmen", der „Betrieb", ist eine eigene Lebenswelt, sodass das eben Beschriebene auch hier gilt. Aufgrund der herausragenden Bedeutung ist der betrieblichen Gesundheitsförderung mit § 20b darüber hinaus eine eigene Norm im SGB V gewidmet. Danach sollen die Krankenkassen mit Leistungen zur Gesundheitsförderung in Betrieben insbesondere den Aufbau und die Stärkung gesundheitsförderlicher Strukturen fördern. Hierzu erheben sie unter Beteiligung der Versicherten und der Verantwortlichen für den Betrieb sowie der Betriebsärzte und der Fachkräfte für Arbeitssicherheit die gesundheitliche Situation einschließlich ihrer Risiken und Potenziale. Basierend darauf sollen sie Vorschläge zur Verbesserung der gesundheitlichen Situation sowie zur Stärkung der gesundheitlichen Ressourcen und Fähigkeiten entwickeln und die Betriebe bei der Umsetzung dieser Vorschläge unterstützen und beraten.

Bei der Wahrnehmung von Aufgaben zur betrieblichen Gesundheitsförderung arbeiten die Krankenkassen mit dem zuständigen Unfallversicherungsträger sowie den für den Arbeitsschutz zuständigen Landesbehörden zusammen. Sie können Aufgaben durch andere Krankenkassen, durch ihre Verbände oder durch zu diesem Zweck gebildeten Arbeitsgemeinschaften (Beauftragte) mit deren Zustimmung wahrnehmen lassen und sollen bei der Aufgabenwahrnehmung mit anderen Krankenkassen zusammenarbeiten.

Prävention arbeitsbedingter Gesundheitsgefahren

Die Verhütung arbeitsbedingter Gesundheitsgefahren ist primär Aufgabe der Träger der gesetzlichen Unfallversicherung. Sie sind verpflichtet, mit allen geeigneten Mitteln für die Verhütung von Arbeitsunfällen, Berufskrankheiten und arbeitsbedingten Gesundheitsgefahren zu sorgen.

§ 20c SGB V verpflichtet die Krankenkassen, die Träger der gesetzlichen Unfallversicherung bei ihren Aufgaben zur Verhütung arbeitsbedingter Gesundheitsgefahren zu unterstützen. Insbesondere sollen sie in Abstimmung mit den Trägern der gesetzlichen Unfallversicherung auf spezifische arbeitsbedingte Gesundheitsrisiken ausgerichtete Maßnahmen zur betrieblichen Gesundheitsförderung erbringen. Überdies informieren die Krankenkassen über die Erkenntnisse, die sie über Zusammenhänge zwischen Erkrankungen und Arbeitsbedingungen gewonnen haben. Diese Informationspflicht kann auch ganz konkrete Einzelfälle betreffen: Ist anzunehmen, dass bei einem Versicherten eine berufsbedingte gesundheitliche Gefährdung oder eine Berufskrankheit vorliegt, hat die Krankenkasse dies unverzüglich den für den Arbeitsschutz zuständigen Stellen und dem Unfallversicherungsträger mitzuteilen.

1

Nationale Präventionsstrategie

Um die vorgenannten Aufgaben bundesweit gut zu bewältigen, wurde mit dem Präventionsgesetz im Jahr 2015 eine Nationale Präventionskonferenz geschaffen – besetzt mit Vertretern der gesetzlichen Kranken- und Pflegekassen, den Trägern der gesetzlichen Rentenversicherung und der gesetzlichen Unfallversicherung. Diese Konferenz entwickelte eine nationale Präventionsstrategie mit dem Ziel, allen Bürgern Deutschlands „ein gesundes Aufwachsen, ein gesundes Leben und Arbeiten sowie Gesundheit im Alter zu ermöglichen" (siehe www.npk-info.de/die-npk).

Förderung von Selbsthilfegruppen

Teil der Gesundheitsförderung ist die Förderung von Selbsthilfegruppen und -organisationen, die sich die gesundheitliche Prävention oder die Rehabilitation von Versicherten zum Ziel gesetzt haben, sowie von Selbsthilfekontaktstellen.

Der Spitzenverband Bund der Krankenkassen hat dazu – unter Beteiligung der Kassenärztlichen Bundesvereinigung und der Spitzenorganisationen der Selbsthilfe – ein Verzeichnis von Krankheitsbildern beschlossen, bei deren gesundheitlicher Prävention oder Rehabilitation eine Förderung zulässig ist. Selbsthilfekontaktstellen müssen für eine Förderung ihrer gesundheitsbezogenen Arbeit themen-, bereichs- und indikationsgruppenübergreifend tätig sein.

Primäre Prävention durch Schutzimpfungen

Versicherte haben gegenüber ihrer Krankenkasse Anspruch auf Schutzimpfungen, die vor einer übertragbaren Krankheit schützen sollen; dies gilt unabhängig davon, ob sie auch entsprechende Ansprüche gegen andere Kostenträger haben. Dieser Anspruch auf Impfung umfasst auch den Anspruch auf die Bereitstellung einer entsprechenden Impfdokumentation durch den Arzt (Eintrag in das Impfheft).

Wichtig: Die Krankenkassen informieren die Versicherten in geeigneter Form über fällige Schutzimpfungen, auf die sie Anspruch haben.

Der Anspruch auf Übernahme der Impfkosten erfährt eine Ausnahme, wenn es um Schutzimpfungen geht, die wegen eines erhöhten Gesundheitsrisikos durch einen Auslandsaufenthalt indiziert sind. Hier werden die Kosten per Gesetz nur dann übernommen, wenn der Auslandsaufenthalt beruflich oder durch eine Ausbildung bedingt ist oder wenn zum Schutz der öffentlichen Gesundheit ein besonderes Interesse daran besteht, der Einschleppung einer übertragbaren Krankheit in die Bundesrepublik Deutschland vorzubeugen. Liegt eine „normale" Urlaubsreise vor, muss die Krankenkasse die Kosten nicht übernehmen – teilweise tut sie das aber als freiwillige Leistung.

Kosten der Corona-Schutzimpfungen, die in Haus- bzw. Facharztpraxen durchgeführt werden, werden vollständig von den gesetzlichen Krankenkassen übernommen. Die Kosten für die Impfzentren werden zu 46,5 Prozent aus der Liquiditätsreserve des Gesundheitsfonds und zu 3,5 Prozent von den privaten Krankenversicherungsunternehmen übernommen. Die andere Hälfte tragen die Bundesländer. Der Bund übernimmt die Kosten für den Impfstoff.

Einzelheiten zu Voraussetzungen sowie Art und Umfang der Leistungen hat der Gemeinsame Bundesausschuss in der Schutzimpfungs-Richtlinie geregelt. Die Krankenkasse kann darüber hinaus in ihrer Satzung weitere Schutzimpfungen und andere Maßnahmen der spezifischen Prophylaxe vorsehen.

> *Praxis-Tipp:*
>
> *Erkundigen Sie sich bei Ihrer Krankenkasse, welche Schutzimpfungen im Einzelnen übernommen werden. Zum Nachweis der Anspruchsberechtigung genügt beim Arzt die Vorlage der elektronischen Gesundheitskarte.*

Verhütung von Zahnerkrankungen

Die Leistungen der Krankenkassen zur Verhütung von Zahnerkrankungen unterteilen sich in die Gruppen- und in die Individualprophylaxe.

1

Gruppenprophylaxe

Die Krankenkassen sind verpflichtet, im Zusammenwirken mit den Zahnärzten und den für die Zahngesundheitspflege in den Ländern zuständigen Stellen gemeinsame und einheitliche Maßnahmen zur Erkennung und Verhütung von Zahnerkrankungen von Kindern, die das zwölfte Lebensjahr noch nicht vollendet haben, zu fördern und sich an den Kosten der Durchführung zu beteiligen.

Die Maßnahmen sollen wegen der besonderen pädagogischen Wirksamkeit vorrangig in Gruppen – vor allem in Kindergärten und Schulen – durchgeführt werden und sich insbesondere auf

- die Untersuchung der Mundhöhle,
- die Erhebung des Zahnstatus,
- die Zahnschmelzhärtung,
- die Ernährungsberatung und
- die Mundhygiene

erstrecken.

Für Kinder, die keinen Kindergarten besuchen, sind ebenfalls geeignete Maßnahmen zur Verhütung von Zahnerkrankungen vorzusehen.

In Schulen und Behinderteneinrichtungen, in denen das durchschnittliche Kariesrisiko der Schüler überproportional hoch ist, werden die Maßnahmen bis zum 16. Lebensjahr durchgeführt.

Zudem sind die Kassen angehalten, für Kinder mit besonders hohem Kariesrisiko spezifische Programme zu entwickeln.

Individualprophylaxe

Versicherte, die das sechste, aber noch nicht das achtzehnte Lebensjahr vollendet haben, können sich zur Verhütung von Zahnerkrankungen einmal in jedem Kalenderhalbjahr zahnärztlich untersuchen lassen.

Die Prophylaxeuntersuchung umfasst die Erstellung des Mundhygienestatus, dem die eingehende Untersuchung auf Zahn-, Mund- und Kieferkrankheiten vorangeht. Die Untersuchungen sollen sich dabei erstrecken auf:

- Befund des Zahnfleisches
- Aufklärung über Krankheitsursachen und ihre Vermeidung

- Erstellen von diagnostischen Vergleichen zur Mundhygiene
- Anfälligkeit gegenüber Karieserkrankungen
- Motivation und Einweisung bei der Mundpflege
- Maßnahmen zur Schmelzhärtung der Zähne

1

Zur Kariesvorbeugung haben Versicherte, die das sechste, aber noch nicht das achtzehnte Lebensjahr vollendet haben, zudem – außerhalb der oben genannten Vorsorgemöglichkeiten – Anspruch auf Fissurenversiegelung (Fissuren = Spalten) der Molaren (Mahlzähne). Dies gilt allerdings nicht, wenn es sich um Milchzähne handelt.

Der Gemeinsame Bundesausschuss regelt das Nähere über Art, Umfang und Nachweis der individualprophylaktischen Leistungen in Richtlinien.

Verhütung von Zahnerkrankungen bei Pflegebedürftigen und Menschen mit Behinderungen

Versicherte, die einem Pflegegrad zugeordnet sind, oder Menschen mit Behinderungen, die Eingliederungshilfe (vgl. § 99 SGB IX) erhalten, haben Anspruch auf zusätzliche zahnärztliche Leistungen, deren Ziel es ist, die Mundgesundheit zu erhalten oder zu verbessern. Die Leistungen umfassen insbesondere

- die Erhebung eines Mundgesundheitsstatus,
- die Aufklärung über die Bedeutung der Mundhygiene und über Maßnahmen zu deren Erhaltung,
- die Erstellung eines Planes zur individuellen Mund- und Prothesenpflege sowie
- die Entfernung harter Zahnbeläge.

Pflegepersonen des Versicherten sollen in die Aufklärung und Planerstellung zur individuellen Mund- und Prothesenpflege einbezogen werden.

Sofern keine zahnmedizinischen Gründe dagegensprechen, können die Leistungen bei Versicherten mit eingeschränkter Mobilität auch zu Hause bzw. in der Pflegeeinrichtung erfolgen.

Das Nähere über Art und Umfang der Leistungen regelt der Gemeinsame Bundesausschuss in Richtlinien.

Medizinische Vorsorgeleistungen

1

Leistungen der medizinischen Vorsorge sind nach einem gestuften System aufgebaut, das dem Grundsatz „ambulant vor stationär" folgt:

- Zunächst besteht Anspruch auf eine ambulante Behandlung (meist am Wohnort).
- Erst wenn dies nicht ausreicht, um den medizinischen Bedarf zu erfüllen oder wenn berufliche oder familiäre Gründe gegen die Durchführung einer ambulanten Behandlung sprechen, kommt eine ambulante Vorsorgeleistung in einem staatlich anerkannten Kurort in Frage.
- Wenn auch diese „ambulante Kur" nicht ausreicht oder auch hier familiäre oder berufliche Gründe dagegensprechen, ist eine stationäre Behandlung in einer Vorsorgeeinrichtung möglich („stationäre Kur").

Sowohl im Zusammenhang mit der Leistungsgewährung im Rahmen ambulanter Behandlungen als auch im Rahmen der ambulanten Vorsorgekuren sind die Vorschriften über Arznei-, Verband-, Heil- und Hilfsmittel – insbesondere zu Festbeträgen und zum Ausschluss von Mitteln – zu beachten. Dies gilt auch für die Regelungen der Eigenbeteiligung bzw. Zuzahlung für Arznei- und Verbandmittel sowie für Heilmittel (zur Belastungsgrenze nach § 62 SGB V, siehe Seite 115).

Ambulante Behandlung

Versicherte haben nach § 23 Abs. 1 SGB V einen Rechtsanspruch auf ärztliche Behandlung sowie Versorgung mit Arznei-, Verband-, Heil- und Hilfsmitteln, wenn damit mindestens eines der folgenden Versorgungsziele erreicht wird:

- Beseitigung einer Schwächung der Gesundheit, die in absehbarer Zeit voraussichtlich zu einer Krankheit führen würde
- Verhütung von Krankheiten oder Vermeidung von deren Verschlimmerung
- Vermeidung von Pflegebedürftigkeit
- Entgegenwirken einer Gefährdung der gesundheitlichen Entwicklung eines Kindes

Ambulante Vorsorgeleistungen

Reichen bei Versicherten die Leistungen der ambulanten Behandlung nicht aus oder können sie wegen besonderer beruflicher oder familiärer Umstände nicht durchgeführt werden, kann die Krankenkasse aus medizinischen Gründen erforderliche ambulante Vorsorgeleistungen in anerkannten Kurorten erbringen.

Bei ambulanten Vorsorgeleistungen in staatlich anerkannten Kurorten werden medizinische Leistungen mit kurortspezifischen Heilmitteln (z. B. Fango, Thermalwasser, besonders gesunde Luft) kombiniert. Der Versicherte kann sich die Kureinrichtung selbst aussuchen, er muss seinen Aufenthalt auch selbst organisieren – sich also um Unterkunft und Verpflegung selbst kümmern. Die Dauer liegt in der Regel bei zwei bis drei Wochen.

Entsprechend ihrer Zielsetzung kann man unterscheiden:

- Ambulante Vorsorgeleistungen zur Krankheitsverhütung: Dies sind Maßnahmen zur Förderung der Gesundheit und der Verhütung von Krankheiten, die sich kurortspezifischer Mittel und Methoden (z. B. Fango, Thermalwasser, Heilwasser, besonders gesunde Luft) bedienen.
- Ambulante Vorsorgeleistungen bei bestehenden Krankheiten: Sie dienen dazu, Heilungsprozesse zu fördern, bestehende Schädigungen und Funktionsstörungen zu beseitigen oder zu vermindern, eine Verschlimmerung zu verhüten, Beschwerden zu lindern, dem Versicherten Hilfen zum besseren Umgang mit seinem Leiden zu geben sowie die Eigenständigkeit im Alter zu erhalten bzw. Alterskrankheiten vorzubeugen. Dies gilt auch und insbesondere zur Vermeidung oder Minderung von Pflegebedürftigkeit.

Es besteht kein unmittelbarer Rechtsanspruch auf eine „ambulante Kur" (auch oft „Kururlaub" oder „Badekur" genannt); sie muss beantragt werden. Bei der Antragsprüfung werden die Notwendigkeit und die Erfolgsaussichten sozialmedizinisch geprüft.

1

> **Wichtig:** Um die Kur bei der Krankenkasse beantragen zu können, muss der Hausarzt die Notwendigkeit der Kur schriftlich bescheinigen; diese Bescheinigung ist dem Antrag mitzugeben.

Wird die Kur genehmigt, werden die Vorsorgeleistungen übernommen; allerdings gelten auch hier Zuzahlungsregeln: Volljährige Versicherte müssen 10 Prozent der Kosten der Heilmittelanwendungen selbst bezahlen. Zusätzlich müssen noch 10 Euro je Verordnung geleistet werden.

Unterkunft und Verpflegung sowie sonstige Kosten (z. B. Reisekosten, Kurtaxe) muss der Versicherte selbst tragen.

> **Wichtig:** Die Satzung der Krankenkasse kann zu den übrigen Kosten, die Versicherten im Zusammenhang mit dieser Leistung entstehen, einen Zuschuss von bis zu 16 Euro täglich vorsehen. Bei ambulanten Vorsorgeleistungen für versicherte chronisch kranke Kleinkinder kann der Zuschuss auf bis zu 25 Euro erhöht werden.

Eine ambulante Kur kann nicht vor Ablauf von drei Jahren erneut beantragt werden, es sei denn, eine vorzeitige Leistung ist aus medizinischen Gründen dringend erforderlich.

Stationäre Vorsorgeleistungen

Reichen ambulante Behandlung oder ambulante Kurmaßnahmen nicht aus, kann die Krankenkasse eine Behandlung mit Unterkunft und Verpflegung in einer Vorsorgeeinrichtung erbringen, mit der ein Versorgungsvertrag nach § 111 SGB V besteht; für pflegende Angehörige kann die Krankenkasse unter denselben Voraussetzungen Behandlung mit Unterkunft und Verpflegung auch in einer Vorsorgeeinrichtung erbringen, mit der ein Vertrag nach § 111a SGB V besteht.

Die stationären Vorsorgeleistungen können im Übrigen auch in einer Eigeneinrichtung der Krankenkasse durchgeführt werden.

Im Rahmen dieser stationären Vorsorgeleistungen übernehmen die Krankenkassen die Kosten der Behandlung sowie Unterkunft und Verpflegung. Allerdings müssen volljährige Versicherte für die gesamte

Dauer der Maßnahme je Kalendertag 10 Euro als Zuzahlung an die Einrichtung entrichten. Der An- und Abreisetag wird dabei als je ein Kalendertag berücksichtigt.

Auch die Reisekosten können nach § 60 SGB V übernommen werden – abzüglich der Zuzahlung von zehn Prozent der erstattungsfähigen Kosten, mindestens 5 Euro, höchstens 10 Euro je Fahrt. Auch die stationären Vorsorgeleistungen sollen für längstens drei Wochen erbracht werden (so § 23 Abs. 5 Satz 2 SGB V), sofern nicht in den Leitlinien des Spitzenverbandes Bund der Krankenkassen Indikationen festgelegt sind, denen jeweils eine Regeldauer zugeordnet ist. Dann gilt die dort festgelegte Dauer; von dieser darf nur aus dringenden medizinischen Gründen im Einzelfall abgewichen werden.

> **Wichtig:** Bitte beachten Sie, dass grundsätzlich immer eine Verlängerung möglich ist, wenn sie aus gesundheitlichen Gründen dringend erforderlich ist.

Wo die stationäre Kur stattfindet, liegt ebenso im pflichtgemäßen Ermessen der Krankenkassen wie auch Art, Umfang, Beginn und Durchführung der Leistungen. Sie haben aber das Wunsch- und Wahlrecht des Versicherten zu beachten; auch sind die Belange pflegender Angehöriger bei der Entscheidungsfindung zu berücksichtigen.

Medizinisch notwendige stationäre Vorsorgemaßnahmen für versicherte Kinder, die das 14. Lebensjahr noch nicht vollendet haben, sollen in der Regel für vier bis sechs Wochen erbracht werden.

Bei der erneuten Inanspruchnahme von stationären Vorsorgeleistungen gilt eine Vierjahresfrist. Ein Antrag auf eine weitere Kur hat damit grundsätzlich erst nach vier Jahren wieder Erfolg – es sein denn, eine vorzeitige Leistung ist aus medizinischen Gründen dringend erforderlich.

> **Wichtig:** Bei der Prüfung dieser Vierjahresfrist werden nicht nur ambulante und stationäre Vorsorgeleistungen der Krankenkasse berücksichtigt. Vielmehr zählen auch Gesundheitsmaßnahmen der Rentenversicherungsträger, Maßnahmen der vorbeugenden Gesundheitshilfe

1

nach dem SGB XII (Sozialhilfe) und Vorsorgemaßnahmen im Rahmen der Heilbehandlung und Krankenbehandlung nach dem Bundesversorgungsgesetz (ab 01.01.2023: SGB XIV) dazu.

> **Praxis-Tipp:**
>
> *Wollen Sie eine ambulante oder stationäre Maßnahme vor Ablauf von vier Jahren erneut antreten, dann lassen Sie sich dies von Ihrem behandelnden Arzt bescheinigen und legen Sie diese Bescheinigung zusammen mit Ihrem Antrag der jeweiligen Krankenkasse vor.*
>
> *Die Krankenkasse wird die Angelegenheit ggf. dem Medizinischen Dienst vorlegen, der eine entsprechende Prüfung durchführt. Ist die Entscheidung des Medizinischen Dienstes negativ, wird die Krankenkasse Ihren Antrag ablehnen.*
>
> *Gegen diese Ablehnung können Sie Widerspruch erheben und eventuell im Klageverfahren vorgehen. Die Erhebung des Widerspruchs bzw. der Klage sollte allerdings nur dann erfolgen, wenn die Angelegenheit Aussicht auf Erfolg hat. Dringend zu empfehlen ist eine Rücksprache mit Ihrem behandelnden Arzt.*

Vorsorgeleistungen für Mütter und Väter

Medizinische Vorsorge für Mütter und Väter ist eine spezielle Form der stationären Kur für Mütter und Väter (§ 24 SGB V). Sie wird für Mütter und Väter angeboten, die ihre Kinder in die Kur mitnehmen müssen.

> **Wichtig:** Mutter/Vater-Kind-Kuren, auch zur medizinischen Vorsorge, sind Regelleistungen der gesetzlichen Krankenkassen. Bei Vorliegen der Voraussetzungen besteht also ein Rechtsanspruch!

Beim Anspruch auf diese Leistungen wird klargestellt, dass bei Vorsorgeleistungen für Mütter und Väter ambulante Behandlungsmöglichkeiten nicht ausgeschöpft sein müssen, wenn das angestrebte Vorsorgeziel nicht mit diesen Maßnahmen zu erreichen ist. Dies entspricht der Begutachtungs-Richtlinie Vorsorge und Rehabilitation des Medizinischen Dienstes.

Vorsorgeleistungen für Mütter und Väter sind ausschließlich stationär in Einrichtungen mit einem Versorgungsvertrag nach § 111a SGB V zu erbringen (Müttergenesungswerk oder gleichartige Einrichtung). Voraussetzung für die Gewährung einer stationären Maßnahme ist, dass für die Mutter/den Vater eine medizinische Indikation besteht, die einen Kuraufenthalt erforderlich macht. Beispielsweise finden sich bei Müttern/Vätern gehäuft nachfolgend genannte Gesundheitsstörungen:

- Erschöpfungssyndrom (Burn-out-Syndrom)
- unspezifische muskuloskelettale Beschwerden
- depressive Verstimmung
- Schlafstörungen
- Kopfschmerzen
- Unter-/Über-/Fehlernährung
- funktionelle Magen-Darm-Probleme

Die Leistungen verfolgen – unter Berücksichtigung der allgemeinen und mütter-/väterspezifischen Kontextfaktoren – das Ziel, den spezifischen Gesundheitsrisiken und ggf. bestehenden Erkrankungen von Müttern und Vätern entgegenzuwirken. Das Leistungsangebot ist deshalb auf die besonderen Bedürfnisse der Mütter/Väter und ggf. Kinder ausgerichtet.

Die Mitaufnahme eines oder mehrerer Kinder ist notwendig, wenn die Trennung von der Mutter oder dem Vater aus medizinischen Gründen oder aus anderen Gründen nicht zu verantworten ist, wobei die Gründe sowohl in der Person des Kindes als auch in der Person der Mutter bzw. des Vaters liegen können.

Die Kur dauert grundsätzlich drei Wochen. Der Zeitraum kann auch hier nur überschritten werden, wenn dies aus medizinischen Gründen erforderlich ist. Sie soll – sofern sie von Sozialleistungsträgern oder im Rahmen anderer öffentlich-rechtlicher Regelungen getragen oder bezuschusst wurde – nicht vor Ablauf von vier Jahren wiederholt werden. Eine vorzeitige erneute Kur kann nur getragen oder bezuschusst werden, wenn dies aus gesundheitlichen Gründen dringend erforderlich ist.

1

Da die Krankenkasse die vollen Kosten der Maßnahme übernimmt, müssen auch hier Zuzahlungen wie im Falle einer stationären Maßnahme geleistet werden (10 Euro je Kalendertag). Für das Kind sind keine Zuzahlungen zu leisten.

Empfängnisverhütung

Zu den Leistungen zur Verhütung von Krankheiten zählt der Gesetzgeber auch die Leistungen zur Empfängnisverhütung (§ 24a SGB V). Diese umfassen:

- Beratungen und Untersuchungen zur Empfängnisregelung
- empfängnisverhütende, ärztlich verordnete Mittel bis zur Vollendung des 22. Lebensjahres

Ärztliche Beratung und Untersuchung

Die ärztliche Beratung über Fragen der Empfängnisregelung umfasst sowohl die Beratung über Hilfen, die geeignet sind, eine Schwangerschaft zu ermöglichen als auch eine Schwangerschaft zu verhüten. Eine allgemeine Sexualaufklärung oder Sexualberatung fällt nicht unter die Leistungspflicht der gesetzlichen Krankenversicherung.

Zur ärztlichen Beratung zählen auch die im Zusammenhang mit den Fragen der Empfängnisregelung erforderlichen Untersuchungen (einschließlich humangenetischer Untersuchungen zur Abklärung einer Gefährdung für Mutter und Kind bei begründetem Verdacht auf ein genetisches Risiko) sowie die Verordnung von empfängnisregelnden Mitteln.

Empfängnisverhütende Mittel

Versicherte bis zum vollendeten 22. Lebensjahr haben Anspruch auf Versorgung mit verschreibungspflichtigen empfängnisverhütenden Mitteln; die gesetzliche Zuzahlungsregelung für Arzneimittel gilt entsprechend.

Zu den empfängnisverhütenden Mitteln gehören insbesondere die hormonal wirkenden Kontrazeptiva (Anti-Baby-Pille). Es können aber auch mechanisch wirkende Mittel (Spirale) verordnet werden, deren Anpassung durch den Vertragsarzt erfolgt. Der Arzt entscheidet nach der erforderlichen Untersuchung in Abstimmung mit der Patientin über die Verordnung. Nicht apothekenpflichtige sowie nicht verschreibungspflichtige Mittel wie Kondome, Diaphragmen, Schaumtabletten oder Cremes werden von der Kasse nicht bezahlt.

Festbeträge bestehen für empfängnisverhütende Mittel nicht.

Die Verordnung von Arzneimitteln zur Empfängnisverhütung soll möglichst für einen Zeitraum von sechs Monaten erfolgen.

> **Wichtig:** Im Fall einer „Verhütungspanne" kann die „Pille danach" eine Schwangerschaft verhindern. Dieses Medikament ist seit 2015 ohne ärztliche Verschreibung in Apotheken erhältlich. Die Kosten werden aber bis zur Vollendung des 22. Lebensjahres dennoch von der Krankenkasse übernommen (wie immer bei Medikamenten abzüglich der Zuzahlung), wenn der Frau dieses Notfallkontrazeptivum von einem Arzt verschrieben wurde.

Schwangerschaftsabbruch und Sterilisation

Versicherte haben Anspruch auf Leistungen bei einer durch Krankheit erforderlichen Sterilisation und einem nicht rechtswidrigen Abbruch der Schwangerschaft durch einen Arzt.

Die ärztliche Behandlung erstreckt sich auf diejenigen medizinischen Leistungen, die bei einer durch Krankheit erforderlichen Sterilisation notwendig sind.

Es werden ärztliche Untersuchung und Begutachtung zur Feststellung der Voraussetzungen für eine durch Krankheit erforderliche Sterilisation, ärztliche Behandlung, Versorgung mit Arznei-, Verband- und Heilmitteln sowie Krankenhausbehandlung gewährt.

Sterilisation

Über die Durchführung einer durch Krankheit erforderlichen Sterilisation soll der Arzt unter Beachtung des ärztlichen Berufsrechts, unter Berücksichtigung der Gegebenheiten des Einzelfalles und nach einer ärztlichen Untersuchung zur Klärung der technischen Ausführbarkeit und Wahl der geeigneten Operationsmethode – insbesondere

1

ambulantes Operieren und stationsersetzende Eingriffe im Krankenhaus – entscheiden.

Zu dem Leistungsinhalt gehören auch die Untersuchung, Befunderhebung und Begutachtung zur Feststellung der Voraussetzungen für eine durch Krankheit erforderliche Sterilisation.

Die Leistungen im Zusammenhang mit einer durch Krankheit erforderlichen Sterilisation beziehen sich sowohl auf männliche als auch auf weibliche Versicherte. Leistungen, die vor dem Eingriff erbracht werden, sind auch dann zu übernehmen, wenn es nicht zu einer Sterilisation kommt.

Schwangerschaftsabbruch

Bei den Leistungen der Krankenkasse im Rahmen der Kostenübernahme für Schwangerschaftsabbrüche wird zwischen einem nicht rechtswidrigen und einem rechtswidrigen Schwangerschaftsabbruch unterschieden.

Nicht rechtswidriger Schwangerschaftsabbruch

Der Schwangerschaftsabbruch darf nur mit Einwilligung der Schwangeren von einem Arzt vorgenommen werden, wenn die schriftliche Feststellung eines anderen Arztes über die Voraussetzungen einer der nachfolgenden Indikationen vorliegt (§ 218a Abs. 2 und 3 StGB):

- Medizinische Indikation: Bei Vorliegen einer medizinischen Indikation kann der Schwangerschaftsabbruch ohne zeitliche Begrenzung durchgeführt werden, wenn er unter Berücksichtigung der gegenwärtigen und zukünftigen Lebensverhältnisse notwendig ist, um Lebensgefahr oder die Gefahr einer schwerwiegenden Beeinträchtigung des körperlichen oder seelischen Gesundheitszustandes der Schwangeren abzuwenden (§ 218a Abs. 2 StGB).
- Kriminologische Indikation: Sprechen dringende Gründe für die Annahme, dass die Schwangerschaft auf einem Sexualdelikt beruht, kann ein Schwangerschaftsabbruch bis zur zwölften Schwangerschaftswoche durchgeführt werden (§ 218a Abs. 3 StGB). Der Arzt, der den Schwangerschaftsabbruch vornimmt, muss sich durch ärztliche Untersuchung, gegebenenfalls durch Ultraschall, von der

Dauer der Schwangerschaft überzeugen (§ 218c Abs. 1 Satz 1 Nr. 3 StGB).

Die gesamten Kosten des Schwangerschaftsabbruchs aufgrund einer medizinischen oder kriminologischen Indikation werden von der gesetzlichen Krankenversicherung übernommen (§ 24b Abs. 1, 2 SGB V).

Rechtswidriger, aber straffreier Schwangerschaftsabbruch (sog. „Beratungsregelung")

In besonderen Ausnahmesituationen kann ein Schwangerschaftsabbruch in Betracht kommen, wenn der Schwangeren durch das Austragen des Kindes eine Belastung erwächst, die so schwer und außergewöhnlich ist, dass sie die zumutbare Opfergrenze übersteigt. Wenn die Schwangere in diesem Fall den Abbruch verlangt, kann der Arzt einen rechtswidrigen, aber straffreien (tatbestandslosen) Schwangerschaftsabbruch vornehmen, wenn seit der Empfängnis nicht mehr als 22 Wochen verstrichen sind (§ 218a Abs. 4 StGB).

Voraussetzung für den Schwangerschaftsabbruch ist weiterhin, dass die Schwangere nach einer Beratung durch eine anerkannte Schwangerschaftskonfliktberatungsstelle (§ 9 SchKG) dem Arzt eine Bescheinigung darüber aushändigt. Diese Beratung muss mindestens drei Tage vor dem Arztbesuch zurückliegen und erfolgt für die Schwangere unentgeltlich (§ 6 Abs. 4 SchKG).

Bei einem Schwangerschaftsabbruch nach der Beratungsregelung werden die Kosten nicht von der gesetzlichen Krankenkasse übernommen. Geltend gemacht werden können allerdings die Kosten für die ärztliche Behandlung während der Schwangerschaft und für die Nachbehandlung von Komplikationen.

Wichtig: Ein Anspruch auf Kostenübernahme für den Schwangerschaftsabbruch selbst besteht aber dann, wenn die Frau die finanziellen Mittel selbst dafür nicht aufbringen kann. § 19 SchKG definiert, in welchen Fällen eine soziale Bedürftigkeit vorliegt. Der Paragraph enthält bestimmte Entgeltgrenzwerte, das heißt, den betreffenden Frauen ist die Aufbringung der Mittel nicht zuzumuten, wenn ihre verfügbaren persönlichen Einkünfte in Geld oder Geldeswert eine bestimmte Höhe nicht

1

übersteigen. Hier gelten in den alten und neuen Bundesländern jeweils verschiedene Werte, die jährlich zum 01.07. eines Jahres angepasst werden (z. B. ab 01.07.2020: Einkommensgrenze 1258 Euro, Zuschlag für Kinder 298 Euro, Zuschlag für Wohnkosten 368 Euro).

Ohne Rücksicht auf diese Grenzwerte wird davon ausgegangen, dass die finanziellen Mittel nicht aufgebracht werden können, wenn

- die Frau laufende Hilfe zum Lebensunterhalt nach dem SGB XII oder dem SGB II bzw. Ausbildungsförderung erhält oder
- Kosten für die Unterbringung der Frau in einer Anstalt, einem Heim oder in einer gleichartigen Einrichtung von einem Träger der Sozialhilfe oder der Jugendhilfe getragen werden.

Der Antrag auf Kostenübernahme bei Bedürftigkeit ist bei der Krankenkasse zu stellen, bei der die Frau versichert ist bzw. bei Nichtversicherung kann sie eine Krankenkasse wählen (§ 21b SGB I i. V. m. § 21 SchKG).

2.

Früherkennung von Krankheiten

Gesundheitsuntersuchungen Erwachsener

Die Gesundheitsuntersuchungen für Versicherte, die das 18. Lebensjahr vollendet haben, werden in § 25 SGB V beschrieben. Der Gemeinsame Bundesausschuss bestimmt in den Gesundheitsuntersuchungs-Richtlinien das Nähere über Inhalt, Art und Umfang der Untersuchungen sowie die Erfüllung der Voraussetzungen – also insbesondere Zielgruppen, Altersgrenzen und Häufigkeit der Untersuchungen.

Die durchzuführenden ärztlichen Maßnahmen dienen der Erfassung und Bewertung gesundheitlicher Risiken und Belastungen und der Früherkennung bevölkerungsmedizinisch bedeutsamer Krankheiten sowie einer darauf abgestimmten präventionsorientierten Beratung. Die ärztlichen Maßnahmen sollen mögliche Gefahren für die Gesundheit der Anspruchsberechtigten dadurch abwenden, dass aufgefundene Verdachtsfälle eingehend diagnostiziert, erkannte Krankheiten rechtzeitig einer Behandlung zugeführt und Änderungen gesundheitsschädigender Verhaltensweisen frühzeitig bewirkt werden.

Allgemeine Gesundheitsuntersuchungen

Versicherte haben ab Vollendung des 18. Lebensjahres bis zum Ende des 35. Lebensjahres einmalig Anspruch auf eine allgemeine Gesundheitsuntersuchung. Versicherte haben ab Vollendung des 35. Lebensjahres alle drei Jahre Anspruch auf eine allgemeine Gesundheitsuntersuchung. Wird eine allgemeine Gesundheitsuntersuchung durchgeführt, ist in den auf das Untersuchungsjahr folgenden zwei Kalenderjahren keine allgemeine Gesundheitsuntersuchung durchzuführen.

Die allgemeine Gesundheitsuntersuchung umfasst folgende Leistungen:

- Erhebung der Eigen-, Familien- und Sozialanamnese, insbesondere Erfassung des Risikoprofils
- Klinische Untersuchung zur Erhebung des vollständigen Status (Ganzkörperstatus)
- Laboratuntersuchungen, also Untersuchungen aus dem Blut sowie aus dem Urin (Harnstreifentest)
- Überprüfung des Impfstatus

Nach Abschluss der genannten Maßnahmen hat der Arzt den Patienten über das Ergebnis der durchgeführten Gesundheitsuntersuchung zu informieren und mit ihm die möglichen Auswirkungen im Hinblick auf die weitere Lebensgestaltung zu erörtern. Dabei soll insbesondere das individuelle Risikoprofil des Patienten angesprochen und auf Möglichkeiten und Hilfen zur Vermeidung und zum Abbau gesundheitsschädigender Verhaltensweisen (z. B. auf entsprechende Gesundheitsförderungsangebote der Krankenkassen) hingewiesen werden.

Seit Inkrafttreten des Präventionsgesetzes am 25.07.2015 besteht für den G-BA der Auftrag, die Gesundheitsuntersuchungen für Erwachsene an den aktuellen Stand der medizinischen Erkenntnisse anzupassen und auf der Grundlage der Methoden der evidenzbasierten Medizin weiterzuentwickeln.

So wurde mit Geltung ab dem 07.03.2020 in die Gesundheitsuntersuchungs-Richtlinie das Screening auf Bauchaortenaneurysmen mittels Ultraschalluntersuchung aufgenommen. Einmaligen Anspruch auf diese Früherkennungsuntersuchung von Aneurysmen der Bauchschlagader haben männliche Versicherte ab dem Alter von 65 Jahren.

Des Weiteren wurde am 20.11.2020 vom G-BA beschlossen, ein Screening auf Hepatitis B und C ab dem 35. Lebensjahr einmalig im Rahmen der Gesundheitsuntersuchung anzubieten. Damit sollen unentdeckte Infektionen erkannt und frühzeitig behandelt werden, um schwere gesundheitliche Spätfolgen zu verhindern.

Krebsfrüherkennungsuntersuchungen

Das Krebsfrüherkennungsprogramm – auch Krebs-Screening oder Krebsvorsorge genannt – wurde in den letzten Jahren stark ausgeweitet. Frauen und Männer können sich im Laufe ihres Lebens auf verschiedene Krebsarten hin untersuchen lassen. Zum in der Krebsfrüherkennungs-Richtlinie gesetzlich festgelegten Programm gehören Vorsorgeuntersuchungen zu Brustkrebs, Darmkrebs, Gebärmutterhalskrebs, Hautkrebs und Prostatakrebs. Die Kosten für die gesetzlich geregelte Krebsfrüherkennung tragen die Krankenkassen.

Krebsfrüherkennung für Frauen

Die Maßnahmen zur Früherkennung von Krebserkrankungen des Genitales und der Brust bei Frauen umfassen folgende Leistungen:
Gebärmutterhalskrebs-Früherkennung:

- Ab dem Alter von 20 Jahren: einmal jährliche Untersuchung des äußeren und inneren Genitals
- Im Alter von 20 Jahren bis 34 Jahren: jährliche Zellabstrich-Untersuchung von Gebärmuttermund und Gebärmutterhals (sog. Pap-Test)
- Ab dem Alter von 35 Jahren alle drei Jahre einen Test auf humane Papillomviren (HPV) in Kombination mit einem Pap-Abstrich

Brustkrebs-Früherkennung:

- Ab dem Alter von 30 Jahren: Abtasten der Brustdrüsen und der regionären Lymphknoten einschließlich der Anleitung zur regelmäßigen Selbstuntersuchung
- Im Alter ab 50 Jahren bis einschließlich 69 Jahren: alle zwei Jahre eine Mammografie; die Einladung erfolgt über eine zentrale Stelle, in den meisten Bundesländern über die Kassenärztliche Vereinigung des jeweiligen Bundeslandes.

Krebsfrüherkennung bei Männern

Jeder krankenversicherte Mann ab 45 Jahren kann jährlich eine Vorsorgeuntersuchung in Anspruch nehmen. Die Maßnahmen zur Früherkennung von Krebserkrankungen des Dickdarms, der Prostata, des äußeren Genitals und der Haut beim Mann umfassen nachfolgende Leistungen für klinische Untersuchungen:

- Gezielte Anamnese
- Inspektion und Palpation des äußeren Genitales einschließlich der entsprechenden Hautareale
- Abtasten der Prostata vom After aus
- Palpation regionärer Lymphknoten
- Befundmitteilung mit anschließender diesbezüglicher Beratung

Hautkrebsfrüherkennung für Frauen und Männer

Ziel der Früherkennungsuntersuchung auf Hautkrebs ist die frühzeitige Entdeckung des Malignen Melanoms, des Basalzellkarzinoms sowie des spinozellulären Karzinoms.

Versicherte haben ab dem Alter von 35 Jahren jedes zweite Jahr Anspruch auf vertragsärztliche Maßnahmen zur Früherkennung von Hautkrebs. Eine erneute Untersuchung auf Hautkrebs ist jeweils erst nach Ablauf des auf die vorangegangene Untersuchung folgenden Kalenderjahres möglich.

> *Praxis-Tipp:*
>
> *Die Krankenkassen können in ihrer Satzung regeln, dass für Versicherte ein Hautkrebsscreening bereits unter 35 Jahren angeboten wird. Bitte sehen Sie dazu in der Satzung der Krankenkasse nach.*

Darmkrebsvorsorge für Frauen und Männer

Ab dem Alter von 50 Jahren hat in Deutschland jeder Versicherte Anspruch auf regelmäßige Untersuchungen zur Früherkennung von Darmkrebs.

Stuhltest: Im Alter ab 50 Jahren bis einschließlich 54 Jahren kann einmal jährlich ein Test auf verborgenes (okkultes) Blut im Stuhl gemacht werden, ab 55 Jahren alle zwei Jahre.

Darmspiegelung: Männer ab dem Alter von 50 Jahren und Frauen ab dem Alter von 55 Jahren können eine Darmspiegelung durchführen lassen und diese einmalig nach mindestens zehn Jahren wiederholen.

Gesundheitsuntersuchungen für Kinder und Jugendliche

Versicherte Kinder und Jugendliche haben bis zur Vollendung des 18. Lebensjahres Anspruch auf Untersuchungen zur Früherkennung von Krankheiten, die ihre körperliche, geistige oder psycho-soziale Entwicklung in nicht geringfügigem Maße gefährden (§ 26 SGB V). Die Untersuchungen beinhalten auch eine Erfassung und Bewertung gesundheitlicher Risiken einschließlich einer Überprüfung der Vollständigkeit des Impfstatus sowie eine darauf abgestimmte, präventionsorientierte Beratung einschließlich Informationen zu regionalen Unterstützungsangeboten für Eltern und Kind.

Einzelheiten über die Untersuchungen sehen die Kinder-Richtlinien des Gemeinsamen Bundesausschusses vor.

Die Früherkennungsmaßnahmen bei Kindern in den ersten sechs Lebensjahren umfassen insgesamt zehn Untersuchungen. Die Untersuchungen können nur in den jeweils angegebenen Zeiträumen unter Berücksichtigung folgender Toleranzgrenzen in Anspruch genommen werden:

Untersuchung	Zeitraum	Toleranzgrenze
U1	Unmittelbar nach der Geburt	
U2	3.–10. Lebenstag	3.–14. Lebenstag
U3	4.–5. Lebenswoche	3.–8. Lebenswoche
U4	3.–4. Lebensmonat	2.–4,5. Lebensmonat
U5	6.–7. Lebensmonat	5.–8. Lebensmonat
U6	10.–12. Lebensmonat	9.–14. Lebensmonat
U7	21.–24. Lebensmonat	20.–27. Lebensmonat
U7a	34.–36. Lebensmonat	33.–38. Lebensmonat
U8	46.–48. Lebensmonat	43.–50. Lebensmonat
U9	60.–64. Lebensmonat	58.–66. Lebensmonat

Auch bei Frühgeborenen sind die Untersuchungszeiträume einzuhalten. Die Frühgeburtlichkeit wird bei der Beurteilung der Ergebnisse berücksichtigt.

Die Richtlinien schreiben vor, welche Untersuchungen jeweils vorgenommen werden müssen. Sie sehen zudem ein Untersuchungsheft für Kinder vor, in dem die jeweils durchzuführenden Untersuchungen aufgeführt sind.

> ***Praxis-Tipp:***
>
> *In der Praxis erinnern die Krankenkassen ihre Versicherten an die jeweiligen Untersuchungstermine. Bitte wenden Sie sich an Ihre Krankenkasse bei Behandlungsbedarf.*

2

Ergeben die Untersuchungen das Vorliegen oder den Verdacht auf das Bestehen einer Krankheit, hat der Arzt dafür Sorge zu tragen, dass diese Fälle im Rahmen der Krankenbehandlung einer gezielten Diagnostik und ggf. Therapie zugeführt werden.

Zu den Früherkennungsuntersuchungen für Kinder zählt auch die Früherkennung auf Zahn-, Mund- und Kieferkrankheiten. Diese umfasst insbesondere

- die Inspektion der Mundhöhle,
- die Einschätzung oder Bestimmung des Kariesrisikos,
- die Ernährungs- und Mundhygieneberatung sowie
- Maßnahmen zur Schmelzhärtung der Zähne und zur Keimzahlsenkung.

Die Leistungen werden bis zur Vollendung des sechsten Lebensjahres von Ärzten oder Zahnärzten erbracht.

Versicherte haben zwischen dem vollendeten 13. und vollendeten 14. Lebensjahr Anspruch auf eine Jugendgesundheitsuntersuchung. Ziel dieser Untersuchung ist die Früherkennung von Erkrankungen, die die körperliche, geistige und soziale Entwicklung in nicht geringfügigem Maße gefährden. Insbesondere wird auch beabsichtigt, durch Früherkennung psychischer und psychosozialer Risikofaktoren eine Fehlentwicklung in der Pubertät zu verhindern. Darüber hinaus sind individuell auftretende gesundheitsgefährdende Verhaltensweisen frühzeitig zu erkennen.

Nach Abschluss der Untersuchung hat der Arzt den Jugendlichen über das Ergebnis der durchgeführten Untersuchung zu informieren und mit ihm die möglichen Auswirkungen im Hinblick auf die weitere Lebensgestaltung zu erörtern. Dabei soll der Arzt insbesondere das individuelle Risikoprofil des Jugendlichen ansprechen und diesen auf die Möglichkeiten und Hilfen zur Vermeidung und zum Abbau gesund-heitsschädigender Verhaltensweisen hinweisen.

Wird im Verlauf der aufgeführten Untersuchungen das Vorliegen einer Erkrankung entdeckt oder ein Krankheitsverdacht erhoben, so soll der Arzt dafür Sorge tragen, dass die betroffenen Jugendlichen im Rahmen der Krankenbehandlung einer weitergehenden gezielten Diagnostik oder Therapie zugeführt werden.

Untersuchungen sollen diejenigen Ärzte durchführen, welche die vorgesehenen Leistungen aufgrund ihrer Kenntnis und Erfahrungen erbringen können, nach dem Berufsrecht dazu berechtigt sind und über die erforderlichen Einrichtungen verfügen. Hierzu zählen Fachärzte für Allgemeinmedizin und praktische Ärzte sowie Fachärzte für Kinder- und Jugendmedizin und Fachärzte für Innere Medizin, die sich für die Teilnahme an der hausärztlichen Versorgung entschieden haben.

3.

Ärztliche und zahnärztliche Versorgung

Grundsätze ärztlicher Behandlung

Die ärztliche Behandlung ist die auf Erkennen, Heilen, Verhüten einer Verschlimmerung oder Linderung von Krankheitsbeschwerden ausgerichtete Tätigkeit des Arztes oder seiner Hilfspersonen. Sie umfasst aber auch die Verordnung von Arznei-, Verband-, Heil- und Hilfsmitteln sowie ärztliche Hinweise zur gesundheitsbewussten Lebensführung.

Unter den Hilfspersonen sind andere Personen zu verstehen, welche Leistungen erbringen, welche vom Arzt angeordnet und von ihm zu verantworten sind, z. B. Mitarbeiter und Mitarbeiterinnen in der Arztpraxis.

> **Wichtig:** Die ärztliche Behandlung darf nur von Ärzten und nicht von anderen zur Ausübung der Heilkunde berechtigten Personen wie etwa Heilpraktikern durchgeführt werden. Das gilt auch in dringenden Fällen.

Der Anspruch auf ärztliche und zahnärztliche Behandlung wird durch den Eintritt einer behandlungsbedürftigen Krankheit (Versicherungsfall) ausgelöst.

Begibt sich der Versicherte aufgrund von Beschwerden oder Symptomen in ärztliche Behandlung, ohne dass der Arzt eine behandlungsbedürftige Krankheit feststellt, besteht gleichwohl ein Anspruch auf Leistungen der Krankenbehandlung und damit Kostenübernahme durch die Krankenkasse.

Ärzte und Zahnärzte haben ihre Leistungen grundsätzlich persönlich zu erbringen. Die Pflicht zur persönlichen Leistungserbringung schließt nicht aus, dass der Arzt bestimmte Leistungen an Personen delegiert, die unter seiner Aufsicht und Weisung stehen und für die Erbringung der Hilfeleistung qualifiziert sind (z. B. Assistenzpersonal, Laborantin). Ob und in welchem Umfang der Arzt ärztliche Leistungen zur Durchführung unter seiner Aufsicht und Weisung delegieren darf, hängt im Wesentlichen von der Art der Leistung, der Schwere des Krankheitsfalles und der Qualifikation des Hilfspersonals ab.

Bei der Durchführung der Behandlung und ihren Anordnungen müssen die Ärzte die Regeln der ärztlichen Kunst beachten und die Behandlung in ausreichendem und zweckmäßigem Umfang durchführen (§ 2 Abs. 4, §§ 12, 70 SGB V). Die Inhalte darüber, was ausreichend und zweckmäßig ist, bestimmt der Gemeinsame Bundesausschuss in den jeweiligen Richtlinien zu den einzelnen Leistungsinhalten.

Vor allem aber bestimmt das Wirtschaftlichkeitsgebot im SGB V die Beziehungen zwischen den Ärzten als Leistungserbringern und den Krankenkassen. So bestimmt § 70 Abs. 1 Satz 2 SGB V für alle Leistungserbringer:

§ 70 Abs. 1 Satz 2 SGB V

Die Versorgung der Versicherten muss **ausreichend** und **zweckmäßig** sein, darf das Maß des **Notwendigen** nicht überschreiten und muss in der fachlich gebotenen Qualität sowie **wirtschaftlich** erbracht werden.

Diese Vorgaben müssen von jedem Leistungserbringer, von den Krankenkassen und letztlich auch vom Versicherten selbst beachtet werden. Ärzte als Heilmittelerbringer sind aufgrund der von den Krankenkassen mit ihnen geschlossenen Verträge nochmals ausdrücklich zur Einhaltung des Wirtschaftlichkeitsgebots verpflichtet.

Definition des Wirtschaftlichkeitsgebots:
- ausreichend: Die Leistung muss den Erfordernissen des konkreten Einzelfalls und dem allgemein anerkannten Stand der medizinischen Erkenntnisse entsprechen. Darüber hinaus soll sie den medizinischen Fortschritt berücksichtigen.
- zweckmäßig: Die zu erbringende Leistung muss im Hinblick auf das konkrete Behandlungsziel geeignet, zweckdienlich und zweckentsprechend sein.
- wirtschaftlich: Therapeuten müssen mit den geringsten Mitteln den größtmöglichen Behandlungserfolg erzielen.
- notwendig: Die zu erbringende Leistung muss objektiv erforderlich sein, um das gewünschte Behandlungsziel zu erreichen.

Neben aller Wirtschaftlichkeitsüberlegungen haben Krankenkassen und die Leistungserbringer durch geeignete Maßnahmen auf eine humane Krankenbehandlung hinzuwirken (§ 70 Abs. 2 SGB V). Diese Vorgabe richtet sich an Krankenkassen und Leistungserbringer und ist bei der Auslegung, ob und in welcher Weise Versicherte Anspruch auf eine bestimmte Art der Krankenbehandlung haben, als Auslegungsrichtlinie zu berücksichtigen. Dabei kommt der Verpflichtung zur Herbeiführung einer humanen Krankenbehandlung gerade Bedeutung bei der Abwägung mit dem Wirtschaftlichkeitsgebot zu.

Der Begriff der Krankenbehandlung orientiert sich dabei am Inhalt des § 27 ff. SGB V und gilt für das gesamte Leistungsgeschehen der gesetzlichen Krankenversicherung. Humane Krankenbehandlung schließt damit eine ärztliche Behandlung auch dann ein, wenn der Zustand des Kranken nach ärztlicher Ansicht hoffnungslos geworden ist (z. B. Palliativversorgung).

> **Wichtig:** Als Versicherter sollten Sie sich stets vergegenwärtigen, dass Sie einen Rechtsanspruch gegenüber dem Leistungserbringer (Arzt, Krankenhaus usw.) auf eine solche humane Behandlung haben. Sie sollten deshalb immer mit dem Anspruch auftreten, dass Sie menschenwürdig behandelt werden – wobei unter Behandlung nicht unbedingt nur die ärztliche Behandlung als solche zu verstehen ist. Vielmehr gehört dazu auch die Art und Weise, wie mit Patienten umgegangen wird.

> *Praxis-Tipp:*
>
> *Wenn Sie der Auffassung sind, dass Sie nicht human, das heißt menschenwürdig, behandelt werden, sollten Sie sich an Ihre Krankenkasse wenden. Natürlich können Sie sich in solchen Fällen auch an die jeweilige Landesärztekammer oder die zuständige Kassenärztliche Vereinigung wenden.*

Freie Arztwahl

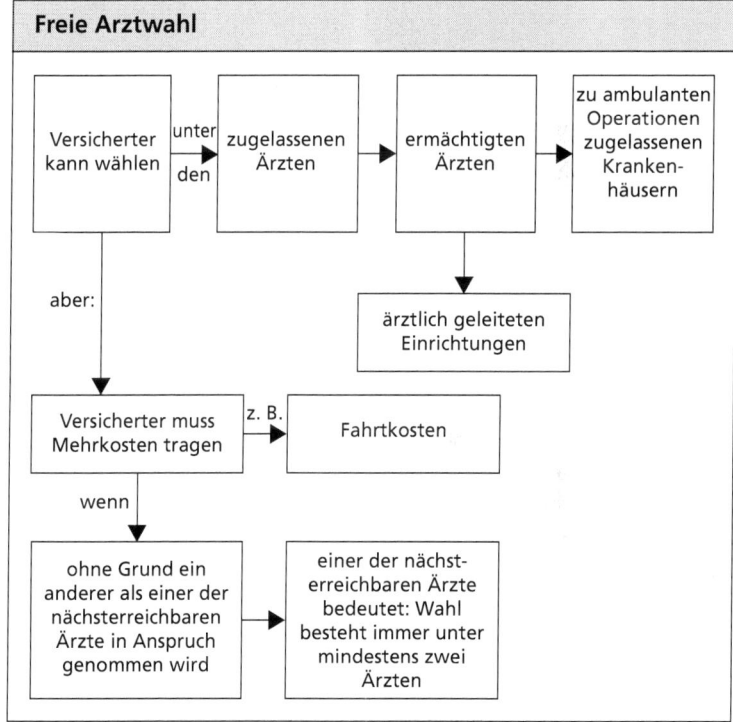

Gesetzlich Krankenversicherte können die sie behandelnden Ärzte frei wählen, sofern diese an der vertragsärztlichen Versorgung teilnehmen; dies sind:

- zugelassene Ärzte
- medizinische Versorgungszentren
- ermächtigte Einrichtungen und Ärzte (das sind Leistungserbringer, die Versicherte behandeln dürfen, wenn etwa eine Unterversorgung der Bevölkerung besteht oder droht; sie werden von der Kassenärztlichen Bundesvereinigung „ermächtigt")
- Einrichtungen der ambulanten spezialfachärztlichen Versorgung

- Zahnkliniken der Krankenkassen
- Eigeneinrichtungen der Krankenkassen
- vertraglich zur ärztlichen Behandlung verpflichtete Ärzte und Zahnärzte
- für ambulante Operationen zugelassene Krankenhäuser
- Einrichtungen, welche zum Schwangerschaftsabbruch zugelassen sind

Andere Ärzte dürfen nur in Notfällen in Anspruch genommen werden. Ein Notfall liegt nach der Rechtsprechung vor, wenn eine unmittelbare Gefahr für Leib und Leben besteht. Kein Notfall liegt vor, wenn ggf. weitere Fahrzeiten in Kauf genommen werden müssen, da z. B. der Facharzt erst in der nächstgrößeren Stadt seinen Sitz hat.

> **Wichtig:** Wird ohne zwingenden Grund ein anderer als einer der nächsterreichbaren an der vertragsärztlichen Versorgung teilnehmenden Ärzte, Einrichtungen oder medizinische Versorgungszentren in Anspruch genommen, hat der Versicherte die Mehrkosten zu tragen. Hierbei handelt es sich vor allem um Fahrtkosten.

Die Versicherten sollen den an der vertragsärztlichen Versorgung teilnehmenden Arzt innerhalb eines Kalendervierteljahres nur bei Vorliegen eines wichtigen Grundes wechseln. Ein wichtiger Grund liegt u. a. vor, wenn z. B. das Vertrauensverhältnis zum Arzt gestört ist.

Vertragsärztliche Versorgung

Die vertragsärztliche Versorgung unterteilt sich in die hausärztliche und die fachärztliche Versorgung. Nach § 73 Abs. 2 SGB V umfasst die vertragsärztliche Versorgung

- ärztliche Behandlung,
- zahnärztliche Behandlung und kieferorthopädische Behandlung,
- Versorgung mit Zahnersatz einschließlich Zahnkronen und Suprakonstruktionen,
- Maßnahmen zur Früherkennung von Krankheiten,
- ärztliche Betreuung bei Schwangerschaft und Mutterschaft,
- Verordnung von Leistungen zur medizinischen Rehabilitation,

- Anordnung der Hilfeleistung anderer Personen,
- Verordnung von Arznei-, Verband-, Heil- und Hilfsmitteln, Krankentransporten sowie Krankenhausbehandlung oder Behandlung in Vorsorge- oder Rehabilitationseinrichtungen,
- Verordnung von digitalen Gesundheitsanwendungen,
- Verordnung häuslicher Krankenpflege und außerklinischer Intensivpflege,
- Ausstellung von Bescheinigungen und Erstellung von Berichten, die die Krankenkassen oder der Medizinische Dienst zur Durchführung ihrer gesetzlichen Aufgaben oder die die Versicherten für den Anspruch auf Fortzahlung des Arbeitsentgelts benötigen (Arbeitsunfähigkeitsbescheinigung),
- medizinische Maßnahmen zur Herbeiführung einer Schwangerschaft,
- ärztlichen Maßnahmen zu Empfängnisverhütung, Schwangerschaftsabbruch, Sterilisation,
- Verordnung von Soziotherapie,
- Untersuchungen und Befunderhebung für eine Zweitmeinung sowie
- Verordnung von spezialisierter ambulanter Palliativversorgung.

Hausärztliche Versorgung

Die hausärztliche Versorgung beinhaltet insbesondere

- die allgemeine und fortgesetzte ärztliche Betreuung eines Patienten in Diagnostik und Therapie bei Kenntnis seines häuslichen und familiären Umfeldes; Behandlungsmethoden, Arznei- und Heilmittel der besonderen Therapierichtungen sind nicht ausgeschlossen,
- die Koordination diagnostischer, therapeutischer und pflegerischer Maßnahmen einschließlich der Vermittlung eines aus medizinischen Gründen dringend erforderlichen Behandlungstermins bei einem an der fachärztlichen Versorgung teilnehmenden Leistungserbringer,
- die Dokumentation, insbesondere Zusammenführung, Bewertung und Aufbewahrung der wesentlichen Behandlungsdaten, Befunde und Berichte aus der ambulanten und stationären Versorgung,

■ die Einleitung oder Durchführung präventiver und rehabilitativer Maßnahmen sowie die Integration nichtärztlicher Hilfen und flankierender Dienste in die Behandlungsmaßnahmen.

An der hausärztlichen Versorgung nehmen teil:
■ Allgemeinärzte
■ Kinder- und Jugendärzte
■ Internisten ohne Schwerpunktbezeichnung, die die Teilnahme an der hausärztlichen Versorgung gewählt haben
■ Ärzte, die in das Arztregister eingetragen sind, und
■ Ärzte, die bereits am 31. Dezember 2000 an der hausärztlichen Versorgung teilgenommen haben.

Die übrigen Fachärzte nehmen an der fachärztlichen Versorgung teil. Der Zulassungsausschuss kann beispielsweise Kinder- und Jugendärzte zur fachärztlichen Versorgung zulassen.

Die Kassenärztlichen Vereinigungen und die Kassenärztlichen Bundesvereinigungen haben die vertragsärztliche Versorgung in dem vorher bezeichneten Umfang sicherzustellen und den Krankenkassen und ihren Verbänden gegenüber die Gewähr dafür zu übernehmen, dass die vertragsärztliche Versorgung den gesetzlichen und vertraglichen Erfordernissen entspricht. Dies bedeutet, dass der sog. Sicherstellungsauftrag der ärztlichen Versorgung bei den Kassenärztlichen Vereinigungen liegt.

Hausarztzentrierte Versorgung

Tritt ein gesundheitliches Problem auf, besteht für den Versicherten keine Verpflichtung, zunächst den Hausarzt aufzusuchen, denn es gilt in Deutschland das Recht der freien Arztwahl (siehe auch S. 47). Anders ist es allerdings für die Versicherten, die sich für eine „hausarztzentrierte Versorgung" entschieden haben.

Seit gut zehn Jahren müssen die Krankenkassen ihren Versicherten diese Form der hausärztlichen Versorgung (hausarztzentrierte Versorgung) anbieten. Hierzu schließen die Kassen in der Regel mit Hausarztverbänden entsprechende Verträge ab. Für die hausarztzentrierte Versorgung müssen die Krankenkassen ihren Versicherten einen speziellen Hausarzttarif anbieten. Das bedeutet: Wer sich immer zuerst von seinem Hausarzt behandeln lässt, dem kann die Krankenkasse Vergünstigungen wie Prämienzahlung oder Zuzahlungsermäßigung anbieten.

Die Teilnahme an der hausarztzentrierten Versorgung ist freiwillig. Nimmt der Versicherte daran teil, verpflichtet er sich gegenüber seiner Krankenkasse, ausschließlich einen unter den teilnehmenden Hausärzten fest auszuwählen und diesen dann im Bedarfs-/Krankheitsfall zunächst aufzusuchen. Andere (Fach-)Ärzte dürfen nur auf Überweisung des Hausarztes in Anspruch genommen werden. Eine Ausnahme macht § 73b Abs. 3 SGB V für die Inanspruchnahme von Augen- und Frauenärzten; diese können direkt in Anspruch genommen werden. Gleiches gilt für Kinderärzte. Weitere Ausnahmen können die Krankenkassen in den Teilnahmeerklärungen regeln.

Die Versicherten können die Teilnahmeerklärung innerhalb von zwei Wochen nach deren Abgabe schriftlich, elektronisch oder zur Niederschrift bei der Krankenkasse ohne Angabe von Gründen widerrufen. Zur Fristwahrung genügt die rechtzeitige Absendung der Widerrufserklärung an die Krankenkasse. Erfolgt kein Widerruf, ist der Versicherte an seine Teilnahmeerklärung und an die Wahl seines Hausarztes mindestens ein Jahr gebunden; er darf den gewählten Hausarzt nur bei Vorliegen eines wichtigen Grundes wechseln.

> **Praxis-Tipp:**
>
> *Erkundigen Sie sich bei Ihrer Krankenkasse nach Einzelheiten zum sog. Hausarztmodell; jede Kasse regelt dies etwas unterschiedlich. Die Teilnahme ist für Sie freiwillig, widerrufbar (Bindungsfrist: ein Jahr) und mit keinen zusätzlichen Kosten verbunden. Im Gegenteil: Aufgrund des Hausarzttarifes erhalten Versicherte oft Prämien oder sonstige Vergünstigungen.*

Sorgfaltspflicht des Arztes

Die Übernahme der Behandlung verpflichtet den an der vertragsärztlichen Versorgung teilnehmenden Arzt dem zu Behandelnden gegenüber zur Sorgfalt nach den Vorschriften des Vertragsrechts im Bürgerlichen Gesetzbuch.

Dies bedeutet beispielsweise, dass Versicherte und ihre Angehörigen bei Vorliegen eines ärztlichen BehandlungsfehlersSchadensersatzansprüche gegen den behandelnden Arzt geltend machen können.

Besondere Bedeutung hat in diesem Zusammenhang die Regelung des § 66 SGB V. Danach sollen die Krankenkassen die Versicherten bei der Verfolgung von Schadensersatzansprüchen unterstützen. Die Unterstützung der Krankenkassen kann insbesondere die Prüfung der von den Versicherten vorgelegten Unterlagen auf Vollständigkeit und Plausibilität, mit Einwilligung der Versicherten die Anforderung weiterer Unterlagen bei den Leistungserbringern, die Veranlassung einer sozialmedizinischen Begutachtung durch den Medizinischen Dienst sowie eine abschließende Gesamtbewertung aller vorliegenden Unterlagen umfassen. Die auf Grundlage der Einwilligung des Versicherten bei den Leistungserbringern erhobenen Daten dürfen ausschließlich zum Zwecke der Unterstützung des Versicherten bei Behandlungsfehlern verarbeitet werden.

> **Praxis-Tipp:**
>
> *Sollte bei Ihnen ggf. ein solcher Sachverhalt vorliegen, sprechen Sie unbedingt Ihre Krankenkasse an. Dort sind in der Regel spezialisierte Teams vorhanden, welche im Vorfeld mögliche Ansprüche gegenüber Ärzten prüfen können.*

Sprechstunden der Ärzte

Jeder Arzt, der von seiner Kassenärztlichen Vereinigung die Zulassung erhalten hat, gesetzlich versicherte Patienten behandeln zu dürfen und seine Leistungen mit der gesetzlichen Krankenversicherung abzurechnen (= Vertragsarzt), muss bei Vollzeit-Tätigkeit eine Sprechstundenzahl von mindestens 25 Stunden wöchentlich anbieten. Bei der Verteilung der Sprechstunden auf den einzelnen Tag sind die Besonderheiten des Praxisbereiches und die Bedürfnisse der Versicherten (z. B. durch Sprechstunden am Abend oder an Samstagen) zu berücksichtigen.

Die Sprechstunden sind grundsätzlich mit festen Uhrzeiten auf dem Praxisschild anzugeben.

Sprechstunden „nach Vereinbarung" oder die Ankündigung einer Vorbestellpraxis dürfen zusätzlich angegeben werden. Die Ankündigung besonderer Sprechstunden ist nur für die Durchführung von Früherkennungsuntersuchungen zulässig.

Wenn mehrere Ärzte einer Arztgruppe in einer Arztpraxis tätig sind, kann die Veröffentlichung der Sprechstundenzeiten praxisbezogen für die jeweilige Arztgruppe erfolgen.

Die Sprechstundenzeiten sind der Kassenärztlichen Vereinigung zu melden. Die Kassenärztlichen Vereinigungen informieren die Versicherten im Internet in geeigneter Weise bundesweit einheitlich über die Sprechstundenzeiten der Vertragsärzte und die Barrierefreiheit der Arztpraxen (siehe dazu auch im Folgenden die Ausführungen zu Terminservicestellen).

Neben der Verpflichtung zum Angebot der Mindestsprechstunden müssen teilweise auch mindestens fünf Stunden pro Woche als „offene Sprechstunden" angeboten werden, damit Patienten mit akuten Beschwerden auch ohne Terminvereinbarung umgehend einen Arzt aufsuchen und behandelt werden können.

Die Verpflichtung solche „Akutsprechstunden" anzubieten trifft folgende Fachärzte: Augenärzte, Chirurgen, Gynäkologen, HNO-Ärzte, Hautärzte, Kinder- und Jugendpsychiater, Nervenärzte, Neurologen, Neurochirurgen, Orthopäden, Psychiater, Urologen.

Offene Sprechstunden werden auf die Mindestsprechstunden angerechnet; sie können sowohl innerhalb als auch außerhalb der Mindestsprechstunden liegen.

Videosprechstunde: telemedizinisch gestützte Betreuung von Patienten

Gerade bei langen Anfahrtswegen, nach Operationen oder aktuell während der Corona-Pandemie kann eine Videosprechstunde für alle Beteiligten sehr sinnvoll sein.

Mit Lockerung des Verbots der ausschließlichen Fernbehandlung folgt das Berufsrecht der Ärzte dabei der digitalen Transformation, die auch im Gesundheitswesen immer mehr Einzug hält.

Ärzte und Psychotherapeuten können ihren Patientinnen und Patienten auf diesem Weg die weitere Behandlung am Bildschirm erläutern, den Heilungsprozess einer Operationswunde begutachten oder ein psychotherapeutisches Gespräch führen. So müssen Patientinnen und Patienten nicht für jeden Termin in die Praxis kommen.

> **Praxis-Tipp:**
>
> *Erkundigen Sie sich bei Ihrem Arzt oder Psychotherapeuten, ob Ihnen dieser eine Videosprechstunde anbietet. Er kann diese Leistung problemlos mit Ihrer Krankenkasse abrechnen.*

Zur Nutzung benötigen Praxis und Patient im Wesentlichen einen Bildschirm mit Kamera, Mikrofon und Lautsprecher sowie eine Internetverbindung. Eine zusätzliche Software muss vom Patienten nicht installiert werden.

Terminservicestellen

Immer wieder meldeten sich Versicherte bei der Krankenkasse, dass sie bei bestimmten Fachärzten teilweise bis zu drei Monate keinen Termin erhalten würden. Dieses Problem ist der Gesetzgeber mit den Terminservicestellen angegangen.

Aufgrund ihres Sicherstellungsauftrags müssen die Kassenärztlichen Vereinigungen seit 01.01.2020 die Versicherten im Internet in geeigneter Weise bundesweit einheitlich über die Sprechstundenzeiten der Vertragsärzte und über die Zugangsmöglichkeiten von Menschen mit Behinderungen zur Versorgung (Barrierefreiheit) informieren; zudem mussten sie Terminservicestellen einrichten, die für 24 Stunden täglich an sieben Tagen in der Woche unter der bundesweit einheitlichen Telefonnummer 116 177 erreichbar sind.

Diese Terminservicestellen können in Kooperation mit den Landesverbänden der Krankenkassen und den Ersatzkassen betrieben werden und mit den Rettungsleitstellen der Länder kooperieren. Die Terminservicestelle muss

- innerhalb einer Woche einen Behandlungstermin bei einem Leistungserbringer (Ärzte, medizinische Versorgungszentren, ermächtigte Ärzte oder ärztlich geleitete Einrichtungen) ermitteln,
- bei der Suche nach einem Hausarzt unterstützen und
- in Akutfällen eine unmittelbare ärztliche Versorgung in der medizinisch gebotenen Versorgungsebene vermitteln.

Für die Vermittlung von Behandlungsterminen bei einem Facharzt muss – mit Ausnahme von Behandlungsterminen bei einem Augenarzt oder einem Frauenarzt und mit Ausnahme der Vermittlung in Akutfällen – eine Überweisung (siehe dazu S. 57) vorliegen.

Die Wartezeit auf einen Behandlungstermin darf vier Wochen nicht überschreiten. Die Entfernung zwischen Wohnort des Versicherten und dem vermittelten Arzt muss zumutbar sein. Als zumutbar wird nach der Rechtsprechung eine einfache Entfernung zum Facharzt von bis zu 70 km angesehen.

Kann die Terminservicestelle keinen Behandlungstermin innerhalb dieser Frist vermitteln, muss sie einen ambulanten Behandlungstermin in einem zugelassenen Krankenhaus anbieten. Dies gilt nicht bei verschiebbaren Routineuntersuchungen, sofern es sich nicht um termingebundene Gesundheitsuntersuchungen für Kinder handelt, und in Fällen von Bagatellerkrankungen.

Notdienst

Der Sicherstellungsauftrag der Kassenärztlichen Vereinigungen umfasst auch die vertragsärztliche Versorgung zu den sprechstundenfreien Zeiten (Notdienst). Dieser Notdienst kann auch durch Kooperation mit zugelassenen Krankenhäusern organisiert werden (z. B. Notfallambulanzen in den Räumlichkeiten des Krankenhauses).

Die Kassenärztlichen Vereinigungen sollen zudem mit den Rettungsleitstellen der Länder kooperieren. Die notärztliche Versorgung im Rahmen des Rettungsdienstes selbst gehört allerdings nicht zum Sicherstellungsauftrag der Kassenärztlichen Vereinigung, sondern wird über das Landesrecht in den einzelnen Bundesländern geregelt.

Hausbesuche

„Die Besuchsbehandlung ist grundsätzlich Aufgabe des behandelnden Hausarztes" – so § 17 Abs. 6 des Bundesmantelvertrages Ärzte. Hausbesuche gehören also zum Pflichtprogramm eines Hausarztes. Um diesen aber nicht über Gebühr zu strapazieren, gibt es doch einige Einschränkungen: Nur wenn ihnen das Aufsuchen des Arztes in dessen Praxisräumen wegen Krankheit nicht möglich oder nicht zumutbar ist, haben Versicherte einen Anspruch auf eine Besuchsbehandlung; die Krankenkassen haben ihre Versicherten darüber aufzuklären.

Auch Besuche außerhalb seines üblichen räumlichen Praxisbereichs kann der Arzt grundsätzlich ablehnen, es sein denn, es liegt ein besonders dringender Fall vor und es ist kein Vertragsarzt zu erreichen, in dessen Praxisbereich die Wohnung des Kranken liegt.

Grundsätzlich ist die Besuchsbehandlung Aufgabe des behandelnden Hausarztes. Ein Facharzt ist neben einer Hilfeleistung in Notfällen auch dann zur Besuchsbehandlung verpflichtet,

- wenn er zur konsiliarischen Behandlung vom Hausarzt hinzugezogen wird und nach dem Ergebnis der gemeinsamen Beratung weitere Besuche durch ihn erforderlich sind, und
- wenn bei Patienten, die von ihm behandelt werden (also ein aktueller Behandlungsvertrag vorliegt), wegen einer Erkrankung aus seinem Fachgebiet ein Besuch notwendig ist.

Praxis-Tipp:

Sind Sie so schwer erkrankt, dass Sie die Praxis des Arztes nicht aufsuchen können, bitten Sie den Arzt telefonisch um eine Besuchsbehandlung. Schildern Sie möglichst genau Ihre Symptome, ggf. Ihre Körpertemperatur sowie Medikamente, welche Sie einnehmen. Der Arzt kann anhand Ihrer Angaben entscheiden, ob eine Besuchsbehandlung erforderlich ist oder ggf. eine Einweisung ins Krankenhaus erfolgen soll.

Überweisungen

Wie gerade erläutert, gilt in Deutschland die freie Arztwahl. Es steht dem Patienten also frei, ob er zuerst einen Hausarzt oder direkt einen Facharzt aufsucht, ohne dass eine Überweisung von einem Hausarzt vorliegt. Von diesem Grundsatz gibt es Ausnahmen:

3

- Hochspezialisierte Arztgruppen benötigen immer eine Überweisung, etwa Radiologen, Laborärzte, Strahlentherapeuten, Nuklearmediziner.
- Es liegt ein „Hausarztvertrag" zwischen Versichertem und seiner Krankenkasse vor, in dem sich der Patient dazu verpflichtet hat, immer zuerst einen Hausarzt aufzusuchen, der dann – falls notwendig – eine Überweisung ausstellt.
- Der Arzt veranlasst eine ambulante Operation im Krankenhaus oder eine ambulante spezialfachärztliche Behandlung im Krankenhaus.

Der Überweisungsschein dient als Kommunikationsmittel zwischen den Ärzten, da die auf ihm enthaltenen Informationen dem behandelnden Arzt einen Überblick geben über:

- Anlass der Überweisung (heilend/kurativ oder präventiv)
- Art der Überweisung (zur Auftragsleistung, zur Konsiliaruntersuchung, zur Mitbehandlung oder zur Weiterbehandlung)
- (Verdachts-)Diagnose
- Bisherige Befunde
- Aktuelle Medikation
- Auftrag der Überweisung

Zur Gewährleistung der freien Arztwahl soll die Überweisung nicht auf den Namen eines bestimmten Vertragsarztes, sondern auf die Gebiets-, Teilgebiets- oder Zusatzbezeichnung ausgestellt werden, in deren Bereich die Überweisung ausgeführt werden soll.

Der überweisende Vertragsarzt soll grundsätzlich die Diagnose, Verdachtsdiagnose oder Befunde mitteilen. Er ist verpflichtet, auf dem Überweisungsschein zu kennzeichnen, welche Art der Überweisung vorliegt:

- Auftragsleistung: Hier erteilt der überweisende Arzt einen genauen Auftrag an den Empfänger der Überweisung, z. B. „Mammografie der rechten Brust"; an diesen Auftrag ist der Empfänger der Überweisung gebunden.

- Konsiliaruntersuchung: Die Überweisung zur Konsiliaruntersuchung erfolgt ausschließlich zur Erbringung diagnostischer Leistungen. Sie gibt dem überweisenden Arzt die Möglichkeit, den Überweisungsauftrag auf die Klärung einer Verdachtsdiagnose einzugrenzen. Art und Umfang der zur Klärung dieser Verdachtsdiagnose notwendigen Leistungen sind vom ausführenden Vertragsarzt nach medizinischem Erfordernis und den Regeln der Stufendiagnostik unter Beachtung des Wirtschaftlichkeitsgebotes zu bestimmen. Die Verantwortung für die Wirtschaftlichkeit liegt hinsichtlich der Indikationsstellung beim auftraggebenden Arzt; dem Facharzt steht es aber offen, welche Untersuchungen er zur Sicherung der Diagnose durchführen möchte.
- Mitbehandlung: Die Überweisung zur Mitbehandlung erfolgt zur Erbringung begleitender oder ergänzender diagnostischer oder therapeutischer Maßnahmen, über deren Art und Umfang der Vertragsarzt, an den überwiesen wurde, entscheidet.
- Weiterbehandlung: Bei dieser Überweisungsart wird die gesamte diagnostische und therapeutische Tätigkeit dem weiterbehandelnden Vertragsarzt übertragen.

Wichtig: Überweisungen an Zahnärzte sind nicht zulässig.

Ärztliche Zweitmeinung

Versicherte, bei denen die Indikation zu einem planbaren Eingriff gestellt wird, bei dem insbesondere im Hinblick auf die zahlenmäßige Entwicklung seiner Durchführung die Gefahr einer Indikationsausweitung nicht auszuschließen ist, haben Anspruch darauf, eine unabhängige ärztliche Zweitmeinung bei einem Arzt oder einer zugelassenen medizinischen Versorgungseinrichtung einzuholen. Die Zweitmeinung kann nicht bei einem Arzt oder einer Einrichtung eingeholt werden, durch den oder durch die der Eingriff durchgeführt werden soll.

Der Gemeinsame Bundesausschuss bestimmt in seinen Richtlinien, für welche planbaren Eingriffe der Anspruch auf Einholung der Zweitmeinung im Einzelnen besteht.

In dieser Richtlinie zu Zweitmeinungsverfahren sind derzeit vier Eingriffe definiert, bei denen ein Rechtsanspruch für Versicherte auf eine ärztliche Zweitmeinung besteht:

- Mandeloperationen (Tonsillektomien, Tonsillotomien)
- Gebärmutterentfernungen (Hysterektomien)
- Arthroskopische Eingriffe an der Schulter
- Implantationen einer Knieendoprothese

Der Arzt, der die Indikation für einen Eingriff stellt, muss den Versicherten über das Recht, eine unabhängige ärztliche Zweitmeinung einholen zu können, aufklären und ihn auf die Informationsangebote über geeignete Leistungserbringer hinweisen. Die Aufklärung muss mündlich erfolgen; ergänzend kann auf Unterlagen Bezug genommen werden, die der Versicherte in Textform erhält.

Der Arzt hat dafür Sorge zu tragen, dass die Aufklärung in der Regel mindestens zehn Tage vor dem geplanten Eingriff erfolgt. In jedem Fall muss die Aufklärung so rechtzeitig erfolgen, dass der Versicherte seine Entscheidung über die Einholung einer Zweitmeinung wohlüberlegt treffen kann. Der Arzt hat den Versicherten auf sein Recht auf Überlassung von Abschriften der Befundunterlagen aus der Patientenakte gemäß § 630g Abs. 2 BGB, die für die Einholung der Zweitmeinung erforderlich sind, hinzuweisen. Die Kosten, die dem Arzt durch die Zusammenstellung und Überlassung von Befundunterlagen für die Zweitmeinung entstehen, trägt die Krankenkasse.

> **Praxis-Tipp:**
>
> *Die Krankenkasse kann in ihrer Satzung zusätzliche Leistungen zur Einholung einer unabhängigen ärztlichen Zweitmeinung vorsehen. Erkundigen Sie sich bei Ihrer Kasse nach möglichen Satzungsleistungen.*

Elektronische Gesundheitskarte

Versicherte, die eine ärztliche, zahnärztliche oder psychotherapeutische Behandlung in Anspruch nehmen, haben dem Arzt, Zahnarzt oder Psychotherapeuten vor Behandlungsbeginn ihre Gesundheitskarte auszuhändigen.

Die folgenden Daten müssen auf der elektronischen Gesundheitskarte gespeichert sein:

- die Bezeichnung der ausstellenden Krankenkasse, einschließlich eines Kennzeichens für die Kassenärztliche Vereinigung, in deren Bezirk der Versicherte seinen Wohnsitz hat,
- der Familienname und der Vorname des Versicherten,
- das Geburtsdatum des Versicherten,
- das Geschlecht des Versicherten,
- die Anschrift des Versicherten,
- die Krankenversichertennummer des Versicherten,
- der Versichertenstatus, für die Personengruppen nach § 264 Abs. 2 SGB V der Status der auftragsweisen Betreuung,
- der Zuzahlungsstatus des Versicherten,
- der Tag des Beginns des Versicherungsschutzes,
- bei befristeter Gültigkeit der elektronischen Gesundheitskarte das Datum des Fristablaufs.

Die elektronische Gesundheitskarte ist mit einem Lichtbild des Versicherten zu versehen. Versicherte, die jünger als 15 Jahre sind, sowie Versicherte, deren Mitwirkung bei der Erstellung des Lichtbildes nicht möglich ist, erhalten eine elektronische Gesundheitskarte ohne Lichtbild.

Die Krankenkassen dürfen das Lichtbild für die Dauer des Versicherungsverhältnisses des Versicherten, jedoch längstens für zehn Jahre, für Ersatz- und Folgeausstellungen der elektronischen Gesundheitskarte speichern. Nach dem Ende des Versicherungsverhältnisses hat die bisherige Krankenkasse das Lichtbild unverzüglich, spätestens aber nach drei Monaten, zu löschen. Weigern sich Versicherte, ein Lichtbild abzugeben, kann die Krankenkasse die Ausgabe der elektronischen Gesundheitskarte verweigern und der Versicherte muss ggf. seine Leistungen selbst bezahlen und hat keinen Rechtsanspruch auf Kostenerstattung.

Die elektronische Gesundheitskarte ist von dem Versicherten zu unterschreiben.

Der Vertragsarzt darf vom Versicherten eine Vergütung verlangen, wenn die elektronische Gesundheitskarte vor der ersten Inanspruchnahme im Quartal nicht vorgelegt worden ist und innerhalb einer Frist von zehn Tagen nach der ersten Inanspruchnahme nicht nachgereicht worden ist.

Eine vom Versicherten entrichtete Vergütung ist zurückzuzahlen, wenn dem Vertragsarzt bis zum Ende des Quartals eine gültige elektronische Gesundheitskarte vorgelegt wird.

Elektronische Patientenakte (ePA)

Mit dem Terminservice- und Versorgungsgesetz (TSVG) vom 11.05.2019, dem Digitalen Versorgungsgesetz (DVG) vom 09.12.2019 und dem Patientendaten-Schutzgesetz (PDSG) vom 14.10.2020 sind die gesetzlichen Voraussetzungen für die elektronische Patientenakte (ePA) geschaffen bzw. weiter konkretisiert worden.

Seit 01.01.2021 haben gesetzlich Versicherte ein Anrecht auf die Nutzung einer elektronischen Patientenakte. Diese wird von den Krankenkassen als App kostenlos bereitgestellt und kann auf mobilen Endgeräten, wie zum Beispiel dem eigenen Smartphone oder einem Tablet, installiert werden.

> *Praxis-Tipp:*
>
> *Auch Ihre Krankenkasse bietet die elektronische Patientenakte wahlweise im Google Play Store (Android) und im Apple App Store (iOS) zur kostenfreien Nutzung an. Bei Interesse und zur sicheren Identifizierung zur Nutzung der elektronischen Patientenakte kontaktieren Sie Ihre Krankenkasse.*

Die ePA ermöglicht, dass wichtige Informationen für die Behandlung der Patienten schnell zur Verfügung stehen, etwa Befunde, Diagnosen, Therapiemaßnahmen oder Behandlungsberichte. Ziel der elektronischen Patientenakte ist eine umfassende Vernetzung des deutschen

Gesundheitswesens, sowohl zwischen verschiedenen Fachärzten oder Apotheken als auch zwischen Ärzten, Apotheken und Patienten. Viele bisher analog oder in Papierform ablaufende Arbeitsschritte können durch die elektronische Patientenakte digitalisiert und damit beschleunigt und vereinfacht werden.

Auch Patienten haben Vorteile: So können sie jederzeit online auf ihre Gesundheitsdaten zugreifen, etwa auf ihren elektronischen Medikationsplan oder ihre Blutwerte. Ab 2022 sollen darüber hinaus auch das Impfheft bzw. der Impfausweis, der Mutterpass, das Untersuchungsheft für Kinder sowie das Zahnbonusheft digital in der ePA abrufbar sein.

Wichtig: Die Einrichtung und Nutzung einer elektronischen Patientenakte ist für Patienten freiwillig.

Im ersten Halbjahr 2021 befindet sich die Einführung der elektronischen Patientenakte in der Testphase, in der die Leistungsfähigkeit der ePA noch einmal überprüft und sichergestellt wird, dass bei bundesweiter Nutzung in allen Arztpraxen und Krankenhäusern alles klappt; eine flächendeckende Vernetzung ist ab der zweiten Jahreshälfte 2021 geplant.

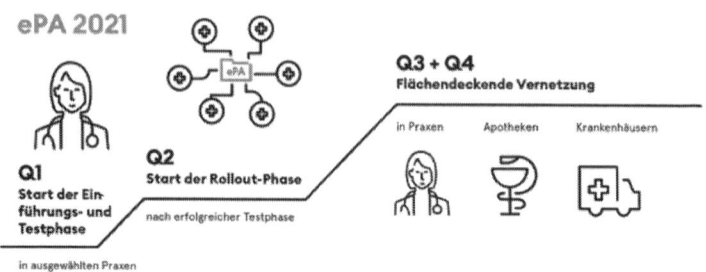

Einführungsphase der elektronischen Patientenakte (ePA), Quelle: gematik

Die Datenhoheit liegt einzig und allein bei den Patienten. Nur sie bestimmen, welche medizinischen Informationen in die Akte hochgeladen werden und wer darauf zugreifen darf – zu jeder Zeit und an jedem Ort. Denn die ePA – und mit ihr alle wichtigen medizinischen

Dokumente – kann mit dem eigenen Smartphone oder Tablet abgerufen und verwaltet werden.

Wichtig: Auch Versicherte, die kein Smartphone besitzen, können die ePA nutzen. In diesem Fall benötigen sie ihre elektronische Gesundheitskarte (eGK) sowie einen PIN von der Krankenkasse, um beim nächsten Arztbesuch ihre ePA ganz einfach vom Praxisteam über das Kartenterminal befüllen zu lassen; diese eGK soll ab 01.07.2021 bei allen gesetzlichen Krankenkassen verfügbar sein. Beim ersten Befüllen kann Unterstützung vom Arzt eingefordert werden.

Die technische Entwicklung der Zugriffsfreigabe von Dokumenten erfolgt ebenfalls in einer Zeitstaffel: Im Jahr 2021 kann der Zugriff auf die Informationen beschränkt werden, die von Ärztinnen, Ärzten und weiteren Leistungserbringern zur Verfügung gestellt wurden. Gleichzeitig können die vom Patienten selbst hochgeladenen Dokumente vom Zugriff ausgenommen werden. Umgekehrt können Patienten den Zugriff auch nur auf die von ihnen eingestellten Dokumente erteilen. Ab 2022 wird es darüber hinaus möglich sein, für jedes Dokument einzeln festzulegen, wer darauf zugreifen darf. In der Arztpraxis bzw. bei weiteren Leistungserbringern kann der Zugriff ab 2022 auch auf bestimmte Kategorien von Dokumenten und Datensätzen innerhalb der ePA begrenzt werden (z. B. auf Fachgebietskategorien).

Wichtig: Der Gesetzgeber gewährt mit den Regelungen nach § 350 SGB V den Versicherten ab dem 01.01.2022 einen Anspruch auf die Bereitstellung von Daten über die bei der Krankenkasse in Anspruch genommenen Leistungen in die elektronische Patientenakte (ePA). Diese durch die Krankenkasse bereitzustellenden Daten umfassen insbesondere Informationen zur erstellenden Krankenkasse, das Erstellungsdatum, Art und Zeitpunkt der Leistungserbringung sowie etwaige im Zusammenhang mit der Leistung stehende Informationen sowie Diagnosen. Diese Regelung war Gegenstand einer Vereinbarung des GKV-Spitzenverbandes und der Kassenärztlichen Bundesvereinigung und ist seit 01.04.2021 gültig.

3

Individuelle Gesundheitsleistungen (IGeL)

Wenn Ärzte eine Untersuchung oder eine Behandlung vorschlagen, die nicht im festgeschriebenen Leistungskatalog der gesetzlichen Krankenkassen erfasst ist, müssen die gesetzlich Versicherten selbst dafür zahlen. Solche Leistungen werden als Individuelle Gesundheitsleistungen (IGeL) bezeichnet.

Dies können z. B. Atteste und Reiseimpfungen sein, die per Gesetz nicht zu den Aufgaben der gesetzlichen Krankenversicherung gehören. Meist sind individuelle Gesundheitsleistungen medizinische Maßnahmen zur Vorsorge, Früherkennung und Therapie von Krankheiten, deren Nutzen bisher nicht bewiesen werden konnte.

> *Praxis-Tipp:*
>
> *Grundsätzlich sollten Sie sich vom Arzt ausreichend informieren lassen, bevor Sie einer individuellen Gesundheitsleistung zustimmen. Sie sollten fragen, warum der Arzt die individuelle Gesundheitsleistung für notwendig und eine entsprechende Kassenleistung für nicht ausreichend hält, welche Vor- und Nachteile die individuelle Gesundheitsleistung hat und wie gut diese nachgewiesen sind. Schließlich sollten Sie auch nach den Kosten fragen.*

Jede Information kann hilfreich sein. Wichtig ist vor allem, dass Sie sich nicht nur auf die Aussagen des Arztes verlassen, sondern weitere Informationsquellen heranziehen.

Wie bei jeder Kaufentscheidung sollten auch bei medizinischen Behandlungen zunächst Vor- und Nachteile abgewogen werden. Grundsätzlich kann jede medizinische Maßnahme nicht nur erwünschte, sondern auch unerwünschte Wirkungen haben, also schaden. Dazu benötigt man Informationen darüber, welche Art von Nutzen und Schaden es gibt, wie groß Nutzen und Schaden ausfallen und wie sicher die Belege dafür sind. Diese Informationen stellt der Medizinische Dienst des Spitzenverbandes Bund der Krankenkassen (MDS) auf einer Website (www.igel-monitor.de) bzw. mittels App für Smartphones im IGeL-Monitor fortlaufend zusammen. Die Bewertungen des MDS stützen sich hauptsächlich auf klinische Studien an Patienten.

Möchten Sie gerne eine Behandlungsmaßnahme in Anspruch nehmen, ist es sinnvoll, bei Ihrer Krankenkasse nachzufragen, ob diese gegebenenfalls als freiwillige Leistung gezahlt wird. Die Krankenkassen haben nach § 11 Abs. 6 SGB V die Möglichkeit, sogenannte Satzungsleistungen anzubieten. Dies sind Leistungen, die eine Krankenkasse zusätzlich zu den gesetzlich festgeschriebenen Leistungen gewähren kann. Satzungsleistungen stehen in der Regel im freien Ermessen der Krankenkassen und können im Wettbewerb der Krankenkassen eingesetzt werden. Voraussetzung ist, dass diese Leistungen vom Gemeinsamen Bundesausschuss nicht ausgeschlossen sind und dass sie in der fachlich gebotenen Qualität erbracht werden. Die Krankenkassen haben in ihren Satzungen hinreichende Anforderungen an die Qualität der Leistungserbringung zu regeln.

Zudem gibt es IGeL-Leistungen, die von der Krankenkasse bezahlt werden, wenn im konkreten Fall eine medizinische Notwendigkeit oder zumindest ein begründeter Krankheitsverdacht vorliegt (z. B. Augeninnendruckmessung bei Verdacht auf Grünen Star) oder der Patient zu einer Risikogruppe (z. B. familiäre Vorbelastung) gehört.

Neue Untersuchungs- und Behandlungsmethoden

Unter „Neue Untersuchungs- und Behandlungsmethoden" versteht man solche diagnostischen und therapeutischen Methoden und Verfahren, deren medizinische Wirksamkeit und Wirtschaftlichkeit noch nicht eindeutig nachgewiesen sind. Sie sind deshalb nicht Bestandteil des Leistungskatalogs der gesetzlichen Krankenkassen.

Neue Untersuchungs- und Behandlungsmethoden dürfen in der vertragsärztlichen und vertragszahnärztlichen Versorgung zulasten der Krankenkassen nur erbracht werden, wenn der Gemeinsame Bundesausschuss in Richtlinien Empfehlungen abgegeben hat über

- die Anerkennung des diagnostischen und therapeutischen Nutzens der neuen Methode sowie deren medizinische Notwendigkeit und Wirtschaftlichkeit – auch im Vergleich zu bereits zulasten der Krankenkassen erbrachten Methoden – nach dem jeweiligen Stand der wissenschaftlichen Erkenntnisse in der jeweiligen Therapierichtung,

- die notwendige Qualifikation der Ärzte, die apparativen Anforderungen sowie Anforderungen an Maßnahmen der Qualitätssicherung, um eine sachgerechte Anwendung der neuen Methode zu sichern, und

- die erforderlichen Aufzeichnungen über die ärztliche Behandlung.

Die gesetzlichen Krankenkassen dürfen also nur dann die Kosten übernehmen, wenn der Gemeinsame Bundesausschuss eine Methode positiv bewertet hat und sie in die vertragsärztliche Versorgung aufgenommen wurde. Nachlesen kann man dies in den Anlagen zu den Richtlinien zu Untersuchungs- und Behandlungsmethoden: In der Anlage A geht es um die anerkannten Untersuchungs- und Behandlungsmethoden, in der Anlage B um Methoden, die nicht als vertragsärztliche Leistungen zulasten der Krankenkassen erbracht werden dürfen.

> **Wichtig:** Nur unter ganz engen Ausnahmen gibt es die Möglichkeit, dass die Krankenkasse doch die Kosten übernimmt – selbst wenn noch keine Anerkennung vorliegt. In diesen Notstandsituationen (§ 2 Abs. 1a SGB V) müssen folgende drei Voraussetzungen – entwickelt durch das Bundesverfassungsgericht in seinem sog. Nikolausurteil (BVerfG v. 06.12.2015, 1 BVR 347/98) – kumulativ vorliegen:
>
> 1. Es handelt sich um eine lebensbedrohliche oder regelmäßig tödlich verlaufende Erkrankung.
>
> 2. Bezüglich dieser Erkrankungen steht keine allgemein anerkannte, dem medizinischen Standard entsprechende alternative Behandlungs- oder Untersuchungsmethode zur Verfügung.
>
> 3. Bezüglich der neuen, nicht allgemein anerkannten Behandlungs- oder Untersuchungsmethode besteht zumindest eine nicht ganz fern liegende Aussicht auf Heilung oder positive Einwirkung auf den Krankheitsverlauf.
>
> Dies kann durch ein sozialmedizinisches Gutachten des Medizinischen Dienstes festgestellt werden.

Zahnärztliche Behandlung

Die zahnärztliche Behandlung umfasst die Tätigkeit des Zahnarztes, die zur Verhütung, Früherkennung und Behandlung von Zahn-, Mund- und Kieferkrankheiten nach den Regeln der zahnärztlichen Kunst ausreichend und zweckmäßig ist; sie umfasst auch konservierend-chirurgische Leistungen und Röntgenleistungen, die im Zusammenhang mit Zahnersatz, einschließlich Zahnkronen und Suprakonstruktionen, erbracht werden. Wählen Versicherte bei Zahnfüllungen eine darüberhinausgehende Versorgung, haben sie die Mehrkosten selbst zu tragen. In diesen Fällen ist von den Kassen die vergleichbare preisgünstigste plastische Füllung als Sachleistung abzurechnen.

Maßnahmen, die lediglich kosmetischen Zwecken dienen, gehören nicht zur vertragszahnärztlichen Versorgung.

> **Praxis-Tipp:**
>
> *Fragen Sie Ihren Zahnarzt bei Zahnfüllungen, weshalb die Kassenleistung nicht ausreichend ist, und erkundigen Sie sich vorher nach den für Sie entstehenden Kosten. Bei Unsicherheit leisten Sie keine Unterschrift und sprechen Sie mit Ihrer Krankenkasse.*

Kieferorthopädische Behandlung

Versicherte haben Anspruch auf kieferorthopädische Versorgung in medizinisch begründeten Indikationsgruppen, bei denen eine Kiefer- oder Zahnfehlstellung vorliegt, die das Kauen, Beißen, Sprechen oder Atmen erheblich beeinträchtigt oder zu beeinträchtigen droht.

Zur vertragszahnärztlichen Versorgung gehört die gesamte kieferorthopädische Behandlung, wenn bei ihrem Beginn ein Behandlungsbedarf anhand der befundbezogenen kieferorthopädischen Indikationsgruppen (KIG) festgestellt wird. Eine Einstufung mindestens in den Behandlungsbedarfsgrad 3 der Indikationsgruppen ist dafür erforderlich.

Wichtig: Eine Einstufung laut Behandlungsplan in die Indikationsgruppen 1 und 2 begründet keine Leistungspflicht der Krankenkasse.

Nicht zur zahnärztlichen Behandlung zählt die kieferorthopädische Behandlung von Versicherten, die zu Beginn der Behandlung das 18. Lebensjahr vollendet haben. Dies gilt nicht für Versicherte mit schweren Kieferanomalien, die ein Ausmaß haben, das kombinierte kieferchirurgische und kieferorthopädische Behandlungsmaßnahmen erfordert.

Versicherte leisten zu der kieferorthopädischen Behandlung einen Anteil in Höhe von 20 Prozent der Kosten an den Vertragszahnarzt. Dies gilt nicht für im Zusammenhang mit kieferorthopädischer Behandlung erbrachte konservierend-chirurgische und Röntgenleistungen. Befinden sich mindestens zwei versicherte Kinder, die bei Beginn der Behandlung das 18. Lebensjahr noch nicht vollendet haben und mit ihren Erziehungsberechtigten in einem gemeinsamen Haushalt leben, in kieferorthopädischer Behandlung, beträgt der Anteil für das zweite und jedes weitere Kind 10 Prozent.

Der Vertragszahnarzt rechnet die kieferorthopädische Behandlung abzüglich des Versichertenanteils direkt mit der Kassenzahnärztlichen Vereinigung ab. Wenn die Behandlung in dem durch den Behandlungsplan bestimmten medizinisch erforderlichen Umfang abgeschlossen ist, zahlt die Kasse den von den Versicherten geleisteten Anteil an die Versicherten zurück.

> **Praxis-Tipp:**
>
> *Eine Erstattung des jeweils pro Quartal geleisteten Eigenanteils erfolgt erst, wenn die Behandlung in dem durch den Behandlungsplan bestimmten medizinisch erforderlichen Umfang abgeschlossen ist. Versicherte erhalten darüber eine schriftliche Bestätigung durch den Kieferorthopäden. Wird die Behandlung vorzeitig abgebrochen, scheidet eine Erstattung der Eigenanteile aus.*

Wählen Versicherte im Fall von kieferorthopädischen Behandlungen Leistungen, die den im einheitlichen Bewertungsmaßstab für zahnärztliche Leistungen abgebildeten kieferorthopädischen Leistungen vergleichbar sind und sich lediglich in der Durchführungsart oder durch die eingesetzten Behandlungsmittel unterscheiden (Mehrleistungen), haben die Versicherten die Mehrkosten, die durch diese Mehrleistungen entstehen, selbst zu tragen.

Oft bieten Kieferorthopäden auch Zusatzleistungen an (z. B. Bracket-umfeldversiegelungen, Speed-Brackets aus superelastischem Material, professionelle Zahnreinigung). Diese Maßnahmen sind meist kosmetisch bedingt oder dienen dem Tragekomfort. Eine Kostenübernahme durch die gesetzlichen Krankenkassen entfällt für diese Leistungen.

Zur Abgrenzung hat der Gesetzgeber den Bewertungsausschuss für die zahnärztlichen Leistungen verpflichtet, bis spätestens zum 31.12.2022 einen Katalog von Leistungen zu beschließen, die als Mehrleistungen vereinbart und abgerechnet werden können. Er kann dabei auch kieferorthopädische Leistungen benennen, die nicht als Mehrleistungen anzusehen sind (Zusatzleistungen). Sofern es zur Abgrenzung zwischen Mehrleistungen und den im einheitlichen Bewertungsmaßstab enthaltenen kieferorthopädischen Leistungen erforderlich ist, konkretisiert der Bewertungsausschuss die im einheitlichen Bewertungsmaßstab abgebildete kieferorthopädische Leistung.

Werden im Rahmen einer kieferorthopädischen Behandlung Mehrleistungen oder Zusatzleistungen erbracht, ist der Versicherte vor Beginn der Behandlung vom behandelnden Zahnarzt über die in Betracht kommenden Behandlungsalternativen mündlich aufzuklären und es ist eine schriftliche oder elektronische Vereinbarung zwischen dem Zahnarzt und dem Versicherten zu treffen, in der die von der Krankenkasse zu tragenden Kostenanteile und die vom Versicherten zu tragenden Kostenanteile, aufgeschlüsselt nach Leistungen, gegenübergestellt werden. Hieran ist eine schriftliche oder elektronische Erklärung des Versicherten zu knüpfen, dass er über die in Betracht kommenden Behandlungsalternativen – einschließlich einer zuzahlungsfreien Behandlung auf der Grundlage des einheitlichen Bewertungsmaßstabs für zahnärztliche Leistungen – aufgeklärt worden ist.

Zahnersatz

Die rechtlichen Grundlagen für die Leistung „Zahnersatz" finden sich in den §§ 55 bis 58 SGB V.

Versicherte haben nach den Vorgaben Anspruch auf befundbezogene Festzuschüsse bei einer medizinisch notwendigen Versorgung mit Zahnersatz – einschließlich Zahnkronen und Suprakonstruktionen (zahnärztliche und zahntechnische Leistungen) – in den Fällen, in denen eine zahnprothetische Versorgung notwendig ist und die geplante Versorgung einer Methode entspricht, die anerkannt ist.

Der Gemeinsame Bundesausschuss bestimmt in den Zahnersatz-Richtlinien die Befunde, für die Festzuschüsse nach § 55 SGB V gewährt werden, und ordnet diesen prothetische Regelversorgungen zu.

Die Bestimmung der Befunde erfolgt auf der Grundlage einer international anerkannten Klassifikation des Lückengebisses. Dem jeweiligen Befund wird eine zahnprothetische Regelversorgung zugeordnet.

Diese hat sich an zahnmedizinisch notwendigen zahnärztlichen und zahntechnischen Leistungen zu orientieren, die zu einer ausreichenden, zweckmäßigen und wirtschaftlichen Versorgung mit Zahnersatz – einschließlich Zahnkronen und Suprakonstruktionen – bei einem Befund nach dem allgemein anerkannten Stand der zahnmedizinischen Erkenntnisse gerechnet werden. Bei der Zuordnung der Regelversorgung zum Befund sind insbesondere die Funktionsdauer, die Stabilität und die Gegenbezahnung zu berücksichtigen. Zumindest bei kleinen Lücken ist festsitzender Zahnersatz zugrunde zu legen. Bei großen Brücken ist die Regelversorgung auf den Ersatz von bis zu vier fehlenden Zähnen je Kiefer und bis zu drei fehlenden Zähnen je Seitenzahngebiet begrenzt. Bei Kombinationsversorgungen ist die Regelversorgung auf zwei Verbindungselemente je Kiefer, bei Versicherten mit einem Restzahnbestand von höchstens drei Zähnen je Kiefer auf drei Verbindungselemente je Kiefer begrenzt. Regelversorgungen umfassen im Oberkiefer Verblendungen bis einschließlich Zahn fünf, im Unterkiefer bis einschließlich Zahn vier. In die Festlegung der Regelversorgung einzubeziehen sind die Befunderhebung, die Planung, die Vorbereitung des Restgebisses, die Beseitigung von groben Okklusionshindernissen und alle Maßnahmen zur Herstellung und Eingliederung des Zahnersatzes – einschließlich der Nachbehandlung – sowie die Unterweisung im Gebrauch des Zahnersatzes.

Aufgrund der gesetzlichen Vorgaben hat der Gemeinsame Bundesausschuss die Festzuschuss-Richtlinie erlassen.

Die Festzuschüsse zu den Befunden werden auf Basis der befundbezogenen, im Einzelfall tatsächlich eingliederungsfähigen Regelversorgungen ermittelt und erst dann gewährt, wenn die auslösenden Befunde mit Zahnersatz, Zahnkronen oder Suprakonstruktionen so versorgt sind, dass keine weitere Versorgungsnotwendigkeit besteht. Bei Teilleistungen werden die Festzuschüsse anteilig gewährt. Festzuschüsse für Verblendungen werden immer dann gewährt, wenn die Regelversorgung diese vorsieht.

3

> *Praxis-Tipp:*
>
> *Die Höhe der Eigenanteile variiert je nach Zahnarztpraxis sehr stark. Hier bieten sich ggf. Online-Vergleichsportale an, um ggf. die eigenen Kosten zu reduzieren.*

Höhe des Zuschusses zum Zahnersatz

Mit dem Gesetz für schnellere Termine und bessere Versorgung (Terminservice- und Versorgungsgesetz – TSVG) hat der Gesetzgeber die Zuschüsse zum Zahnersatz für alle Versicherten ab dem 01.10.2020 erhöht.

Die Festzuschüsse umfassen 60 Prozent für die jeweilige Regelversorgung. Für eigene Bemühungen zur Gesunderhaltung der Zähne erhöhen sich die Festzuschüsse auf 70 Prozent. Die Erhöhung entfällt, wenn der Gebisszustand des Versicherten regelmäßige Zahnpflege nicht erkennen lässt und der Versicherte während der letzten fünf Jahre vor Beginn der Behandlung

- die Untersuchungen zur Individualprophylaxe nicht in jedem Kalenderhalbjahr in Anspruch genommen hat und
- sich nach Vollendung des 18. Lebensjahres nicht wenigstens einmal in jedem Kalenderjahr hat zahnärztlich untersuchen lassen.

Die Festzuschüsse erhöhen sich auf 75 Prozent, wenn der Versicherte seine Zähne regelmäßig gepflegt und in den letzten zehn Kalenderjahren vor Beginn der Behandlung die oben genannten Untersuchungen ohne Unterbrechung in Anspruch genommen hat.

In begründeten Ausnahmefällen können die Krankenkassen die Festzuschüsse auf 75 Prozent erhöhen, wenn der Versicherte seine Zähne regelmäßig gepflegt und in den letzten zehn Jahren vor Beginn der Behandlung die Untersuchungen nur mit einer einmaligen Unterbrechung in Anspruch genommen hat.

Für Versicherte, die nach dem 31.12.1978 geboren sind, gilt der Nachweis für eigene Bemühungen zur Gesunderhaltung der Zähne für die Jahre 1997 und 1998 als erbracht.

3

Praxis-Tipp:

Lassen Sie sich alle Untersuchungen vom Zahnarzt in Ihrem Bonusheft bestätigen; dies ist auch rückwirkend möglich. Das Heft erhalten Sie kostenlos beim Zahnarzt. Ab dem 01.01.2022 ist geplant, das bisherige Bonusheft in die elektronische Patientenakte (ePA) zu integrieren.

Wählen Versicherte einen über die Regelversorgung hinausgehenden gleichartigen Zahnersatz, haben sie die Mehrkosten selbst zu tragen.

Wichtig: Die Satzung Ihrer Krankenkasse kann eine Bestimmung enthalten, nach der die Krankenkasse den Abschluss privater Zusatzversicherungsverträge zwischen ihren Versicherten und privaten Krankenversicherungsunternehmen vermitteln kann. Gegenstand dieser Verträge können alle Leistungen sein, die den gesetzlichen Krankenversicherungsschutz ergänzen, insbesondere Ergänzungstarife zur Kostenerstattung, Wahlarztbehandlung im Krankenhaus, Ein- oder Zweibettzuschlag im Krankenhaus sowie eine Auslandskrankenversicherung.

Erkundigen Sie sich bei Ihrer Krankenkasse nach einer privaten Zusatzversicherung für den Bereich der zahnärztlichen Behandlung und des Zahnersatzes.

Vor Durchführung aller zahntechnischen Leistungen einschließlich Zahnersatz muss der Zahnarzt einen, die gesamte Behandlung umfassenden Heil- und Kostenplan zur Vorlage bei der Krankenkasse ausstellen. Dieser Plan ist für die Versicherten immer kostenfrei.

Diese Leistungen sind im Rahmen der vertragszahnärztlichen Versorgung für die Versicherten unentgeltlich zu erbringen. Ebenso dürfen keine Pauschalen in Rechnung gestellt werden.

Unzumutbare Belastung

Versicherte mit geringem Einkommen können über die oben dargestellten Festzuschüsse hinaus einen Anspruch auf Kostenübernahme haben – dieser kann bis zu 100 Prozent, also zur vollständigen Kostenübernahme, der Regelversorgung mit Zahnersatz gehen. Gemeint sind Versicherte, die 2021 über ein monatliches Bruttoeinkommen von weniger als 1.316 Euro verfügen (40 Prozent der monatlichen Bezugsgröße).

Als Einnahmen zum Lebensunterhalt der Versicherten gelten auch die Einnahmen anderer in dem gemeinsamen Haushalt lebender Angehöriger und Angehöriger des Lebenspartners. Zu den Einnahmen zum Lebensunterhalt zählen nicht Grundrenten, die Beschädigte nach dem Bundesversorgungsgesetz oder nach anderen Gesetzen in entsprechender Anwendung des Bundesversorgungsgesetzes erhalten, sowie Renten oder Beihilfen, die nach dem Bundesentschädigungsgesetz für Schäden an Körper und Gesundheit gezahlt werden, bis zur Höhe der vergleichbaren Grundrente nach dem Bundesversorgungsgesetz.

Der Wert von 1.316 Euro erhöht sich für den ersten in dem gemeinsamen Haushalt lebenden Angehörigen des Versicherten um 15 Prozent (2021: 493,50 Euro) und für jeden weiteren in dem gemeinsamen Haushalt lebenden Angehörigen des Versicherten um 10 Prozent (2021: 329 Euro) der monatlichen Bezugsgröße.

Auch bei Versicherten im Sozialleistungsbezug kann eine unzumutbare Härte mit der Konsequenz der vollständigen Kostenübernahme vorliegen. Gemeint sind hier folgende Personengruppen:

- Bezieher von BAföG-Leistungen sowie Bezieher von Ausbildungsförderung nach dem SGB III
- Sozialhilfeempfänger (Hilfe zum Lebensunterhalt)
- Empfänger von Leistungen der Grundsicherung für Arbeitsuchende (Hartz IV)
- Empfänger von Kriegsopferfürsorge
- Empfänger von Grundsicherung im Alter und bei Erwerbsminderung
- Versicherte, die in einem Heim leben und deren Kosten ein Sozialhilfeträger oder die Kriegsopferfürsorge übernimmt.

Alle Versicherten haben bei der Versorgung mit Zahnersatz darüber hinaus zusätzlich zu den Festzuschüssen Anspruch auf einen weiteren Betrag (sog. gleitende Härtefallregelung). Die Krankenkasse erstattet den Versicherten den Betrag, um den die Festzuschüsse das Dreifache der Differenz zwischen den monatlichen Bruttoeinnahmen zum Lebensunterhalt und der zur Gewährung eines Gesamtbetrages aus dem Festzuschuss und des zusätzlichen Betrages maßgebenden Einnahmegrenze übersteigen.

Die Beteiligung an den Kosten umfasst höchstens einen Betrag in Höhe eines Gesamtbetrages, bestehend aus dem Festzuschuss und des zusätzlichen Betrages, jedoch nicht mehr als die tatsächlich entstandenen Kosten.

4.

Ambulante Leistungen im Krankheitsfall

Arznei- und Verbandmittel

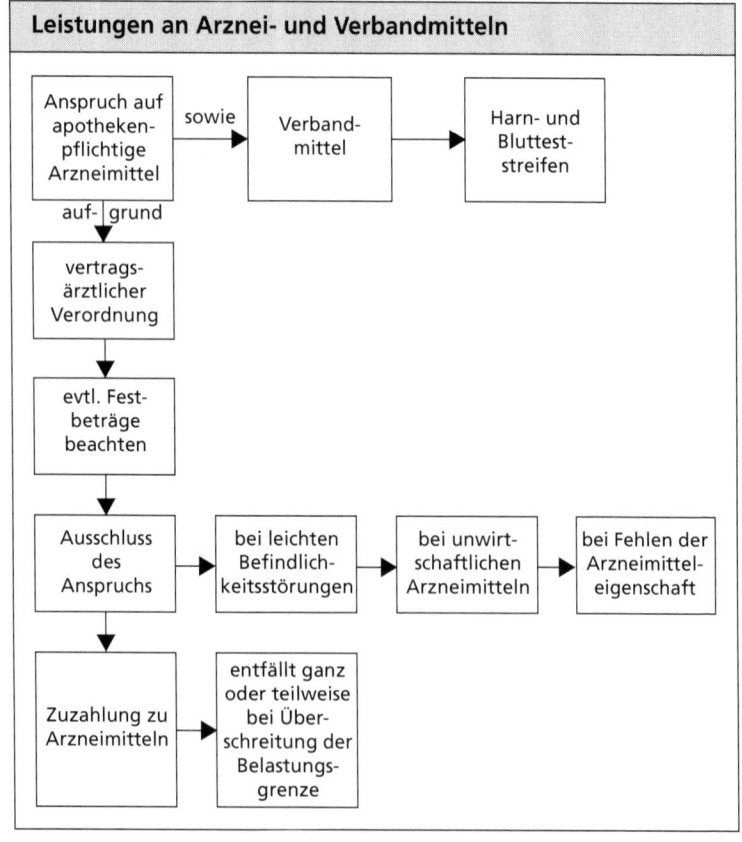

Versicherte haben Anspruch auf Versorgung mit apothekenpflichtigen Arzneimitteln, soweit die Arzneimittel nicht durch Gesetz oder Rechtsverordnung oder durch die Arzneimittel-Richtlinie ausgeschlossen sind, und auf Versorgung mit Verbandmitteln, Harn- und Blutteststreifen – so § 31 Abs. 1 Satz 1 SGB V.

Wichtig: Die Versorgung mit Arzneimitteln, die aus Drogerien, Reformhäusern und Supermärkten bezogen werden, sind nicht umfasst, da diese nicht apothekenpflichtig sind.

Nicht verschreibungspflichtige Arzneimittel sind von der Versorgung zulasten der Krankenkasse ausgeschlossen.

Eine Verordnung von Arzneimitteln ist – von Ausnahmefällen abgesehen – nur zulässig, wenn sich der behandelnde Arzt von dem Zustand des Versicherten überzeugt hat oder wenn der Zustand aus der laufenden Behandlung bekannt ist.

Vor einer Verordnung von Arzneimitteln ist zu prüfen, ob

- eine behandlungsbedürftige Krankheit vorliegt,
- angesichts von Art und Schweregrad der Gesundheitsstörung Maßnahmen im Sinne einer gesundheitsbewussten Lebensführung ausreichend sind,
- anstelle der Verordnung von Arzneimitteln nichtmedikamentöse Therapien in Betracht zu ziehen sind,
- angesichts von Art und Schweregrad der Gesundheitsstörung eine Arzneimittelverordnung zulasten der gesetzlichen Krankenversicherung medizinisch notwendig ist,
- angesichts von Art und Schweregrad der Gesundheitsstörung und der bei ihrer Behandlung zu erwartenden therapeutischen Effekte zweckmäßige und wirtschaftliche Arzneimittel zur Verfügung stehen und
- bei alkoholhaltigen Arzneimitteln zur oralen Anwendung – insbesondere bei Kindern sowie bei Personen mit Lebererkrankungen, mit Alkoholkrankheit, mit Epilepsie, mit Hirnschädigung oder Schwangeren – alkoholfreie Arzneimittel zur Verfügung stehen, die zur Behandlung geeignet sind.

Wie bereits erwähnt sind nicht verschreibungspflichtige Arzneimittel von der Versorgung ausgenommen. Dies gilt nicht für

- versicherte Kinder bis zum vollendeten 12. Lebensjahr und
- versicherte Jugendliche bis zum vollendeten 18. Lebensjahr mit Entwicklungsstörungen.

Für Versicherte, die das 18. Lebensjahr vollendet haben, sind folgende verschreibungspflichtige Arzneimittel bei Verordnung in den genannten Anwendungsgebieten von der Versorgung ausgeschlossen:

- Arzneimittel zur Anwendung bei Erkältungskrankheiten und grippalen Infekten, einschließlich der bei diesen Krankheiten anzuwendenden Schnupfenmittel, Schmerzmittel, hustendämpfenden und hustenlösenden Mittel,
- Mund- und Rachentherapeutika, ausgenommen bei Pilzinfektionen,
- Abführmittel
- Arzneimittel gegen Reisekrankheit

Von der Versorgung sind außerdem Arzneimittel ausgeschlossen, bei deren Anwendung eine Erhöhung der Lebensqualität im Vordergrund steht. Ausgeschlossen sind insbesondere Arzneimittel,

- die überwiegend zur Behandlung der erektilen Dysfunktion,
- der Anreizung sowie Steigerung der sexuellen Potenz,
- zur Raucherentwöhnung,
- zur Abmagerung oder zur Zügelung des Appetits,
- zur Regulierung des Körpergewichts oder
- zur Verbesserung des Haarwuchses

dienen.

> **Wichtig:** Der Ausschluss gilt auch für Heilmittel, wenn sie im Anwendungsgebiet der ausgeschlossenen Arzneimittel verwendet werden.

Von der Versorgung sind Arzneimittel per Verordnung als unwirtschaftlich ausgeschlossen, wenn deren Wirkungen wegen der Vielzahl der enthaltenen arzneilich wirksamen Bestandteile nicht mit ausreichender Sicherheit beurteilt werden kann. Dies sind Arzneimittel, die mehr als drei arzneilich wirksame Bestandteile enthalten. Dies gilt nicht für

- Arzneimittel als ausschließlich homöopathische oder anthroposophische Zubereitungen oder mit ausschließlich phytotherapeutischen Bestandteilen,

- medizinische Kunststoffe für chirurgische Eingriffe, Biomaterialien, Zahnfüllstoffe, Infusionslösungen, Sera, Impfstoffe und Blutbestandteile sowie
- Arzneimittel, die ausschließlich zur Substitution von Aminosäuren, Vitaminen, Mineralstoffen oder Spurenelementen bestimmt und bei Mangelerkrankungen oder therapiebedingtem Überbedarf notwendig sind.

Von der Versorgung sind auch Arzneimittel als unwirtschaftlich ausgeschlossen, deren therapeutischer Nutzen nicht nachgewiesen ist. Dies sind Arzneimittel, die einen oder mehrere der in der Anlage 2 der Arzneimittel-Richtlinie (= Lifestyle Arzneimittel) genannten arzneilich wirksamen Bestandteile enthalten. Der Ausschluss gilt jeweils nur für die in der Anlage 2 bezeichnete Therapierichtung.

Verordnungsfähigkeit von zugelassenen Arzneimitteln in nicht zugelassenen Anwendungsgebieten (sog. Off-Label-Use)

Teilweise setzen Ärzte ein Arzneimittel zur Behandlung ein, für das von den Zulassungsbehörden keine Genehmigung für diese Anwendungsart oder das Anwendungsgebiet vorliegt (z. B. Verschreibung eines Mittels, das nur für Erwachsene zugelassen ist, an ein Kind). Dies nennt man „Off-Label-Use".

Die gesetzlichen Krankenkassen übernehmen nur in Ausnahmefällen hierfür die Kosten. Jedenfalls müssen zuvor Experten den Forschungsstand zum gewünschten, aber (noch) nicht zugelassenen Anwendungsbereich überprüfen und den Off-Label-Einsatz positiv bewerten. Diese Bewertung gründet sich insbesondere darauf, ob

- es sich um eine schwerwiegende Erkrankung handelt,
- andere Therapiemöglichkeiten fehlen und
- eine begründete Aussicht auf einen Behandlungserfolg besteht.

Außerdem muss der Hersteller des betreffenden Medikaments dem Off-Label-Use zustimmen, womit er auch die Haftung für den Einsatz außerhalb der zugelassenen Anwendung übernimmt.

Wichtig: Vor einer Behandlung mit einem solchen Medikament muss der Patient vom Arzt über die möglichen Folgen und Risiken aufgeklärt werden, insbesondere darüber, dass die Wirkungen bzw. Nebenwirkungen noch nicht ausreichend geprüft sind. Kommt es dann zu gravierenden Nebenwirkungen, haftet der Hersteller.

Zuzahlungen zu Arznei- und Verbandmitteln

Das Krankenversicherungsrecht sieht vor, dass jeder Krankenversicherte, der die entsprechenden Leistungen in Anspruch nimmt, einen Teil der Kosten trägt. Ausnahmen gelten nur für Kinder und Jugendliche, die das 18. Lebensjahr noch nicht vollendet haben.

Versicherte leisten an die abgebende Stelle (Apotheke) zu jedem zulasten der gesetzlichen Krankenversicherung verordneten Arznei- und Verbandmittel eine Zuzahlung. Dabei sind 10 Prozent des Abgabepreises, mindestens 5 Euro und höchstens 10 Euro, zu bezahlen, jedoch jeweils nicht mehr als die Kosten des Mittels.

Ausnahme: Um das Engagement der Versicherten für ihre eigene Gesundheit zu stärken, werden die Kosten für Harn- und Blutteststreifen vollständig übernommen.

Muss für ein Arzneimittel aufgrund eines Arzneimittelrückrufs oder einer von der zuständigen Behörde bekannt gemachten Einschränkung der Verwendbarkeit erneut ein Arzneimittel verordnet werden, so ist die erneute Verordnung zuzahlungsfrei. Eine bereits geleistete Zuzahlung für die erneute Verordnung ist dem Versicherten auf Antrag von der Krankenkasse zu erstatten.

Festbeträge für Arzneimittel

Der Gemeinsame Bundesausschuss bestimmt in Arzneimittel-Richtlinien, für welche Gruppen von Arzneimitteln Festbeträge festgesetzt werden können. In den Gruppen sollen Arzneimittel mit
- denselben Wirkstoffen,
- pharmakologisch-therapeutisch vergleichbaren Wirkstoffen, insbesondere mit chemisch verwandten Stoffen oder/und
- therapeutisch vergleichbarer Wirkung, insbesondere Arzneimittelkombinationen,

zusammengefasst werden; unterschiedliche Bioverfügbarkeiten wirkstoffgleicher Arzneimittel sind zu berücksichtigen, sofern sie für die Therapie bedeutsam sind.

Bei der Bildung von Gruppen soll bei Arzneimitteln mit Wirkstoffen zur Behandlung bakterieller Infektionskrankheiten (Antibiotika) die Resistenzsituation berücksichtigt werden. Arzneimittel, die als Reserveantibiotika für die Versorgung von Bedeutung sind, können von der Bildung von Gruppen ausgenommen werden.

Die gebildeten Gruppen müssen gewährleisten, dass Therapiemöglichkeiten nicht eingeschränkt werden und medizinisch notwendige Verordnungsalternativen zur Verfügung stehen; insbesondere können altersgerechte Darreichungsformen für Kinder berücksichtigt werden.

Ausgenommen von den gebildeten Gruppen sind Arzneimittel mit patentgeschützten Wirkstoffen, deren Wirkungsweise neuartig ist oder die eine therapeutische Verbesserung, auch wegen geringerer Nebenwirkungen, bedeuten. Als neuartig gilt ein Wirkstoff, solange derjenige Wirkstoff, der als erster dieser Gruppe in Verkehr gebracht worden ist, unter Patentschutz steht. Der Gemeinsame Bundesausschuss ermittelt auch die notwendigen rechnerischen mittleren Tages- oder Einzeldosen oder anderen geeigneten Vergleichsgrößen.

Wichtig: Der Festbetrag eines Arzneimittels ist der maximale Betrag, den die gesetzlichen Krankenkassen für dieses Arzneimittel bezahlen. Ist sein Verkaufspreis höher als der Festbetrag, tragen Patienten in der Regel die Differenz zum Festbetrag entweder selbst oder erhalten ein anderes – therapeutisch gleichwertiges – Arzneimittel ohne Aufzahlung.

Zuzahlungsbefreite Arzneimittel

Besonders preisgünstige Arzneimittel sind in der Apotheke von der Zuzahlung befreit. Liegt der Preis eines Arzneimittels mindestens 30 Prozent unterhalb des Festbetrages, entfällt die vom Patienten zu entrichtende Zuzahlung in der Apotheke. Nur Arzneimittel mit Festbetrag können von der Zuzahlung befreit werden.

Die Liste der zuzahlungsbefreiten Arzneimittel wird vom GKV-Spitzenverband erstellt und auf den Internetseiten veröffentlicht. Sie wird alle zwei Wochen aktualisiert (vgl. www.gkv-spitzenverband.de/service/versicherten_service/befreiungsliste_arzneimittel/befreiungsliste_arzneimittel.jsp).

> **Praxis-Tipp:**
>
> *Die Apotheke ist verpflichtet, das preisgünstigste Medikament abzugeben. Bei Zuzahlungen in Form der Differenz von Festbetrag zu Verkaufspreis, werden diese nicht bei der Belastungsgrenze nach § 62 SGB V angerechnet.*

Medikationsplan

Versicherte, die gleichzeitig mindestens drei verordnete Arzneimittel anwenden, haben Anspruch auf Erstellung und Aushändigung eines Medikationsplans in Papierform durch einen an der vertragsärztlichen Versorgung teilnehmenden Arzt. Bei der Verordnung eines Arzneimittels muss der verschreibende Arzt den Versicherten über diesen Anspruch informieren.

In dem Medikationsplan sind mit Anwendungshinweisen zu dokumentieren:

- alle Arzneimittel, die dem Versicherten verordnet worden sind
- Arzneimittel, die der Versicherte ohne Verschreibung anwendet
- Hinweise auf Medizinprodukte, soweit sie für die Medikation relevant sind

Den besonderen Belangen der blinden und sehbehinderten Patienten ist bei der Erläuterung der Inhalte des Medikationsplans Rechnung zu tragen.

Der Arzt muss den Medikationsplan aktualisieren, sobald er die Medikation ändert oder er Kenntnis davon erlangt, dass – etwa aufgrund der Verschreibung eines Facharztes – eine anderweitige Änderung der Medikation eingetreten ist.

Wichtig: Auf Wunsch des Versicherten muss die Apotheke bei Abgabe eines Arzneimittels eine insoweit erforderliche Aktualisierung des Medikationsplans vornehmen.

Seit dem 01.01.2019 besteht der Anspruch auf Aktualisierung darüber hinaus gegenüber jedem an der vertragsärztlichen Versorgung teilnehmenden Arzt sowie gegenüber der abgebenden Apotheke, wenn der Versicherte gegenüber dem Arzt oder der abgebenden Apotheke den Zugriff auf den elektronischen Medikationsplan erlaubt. Sofern der Versicherte dies wünscht, sind diese Aktualisierungen mittels der elektronischen Gesundheitskarte zu speichern.

Elektronischer Medikationsplan (eMP)

Der elektronische Medikationsplan (eMP) ist die digitale Weiterentwicklung des bundeseinheitlichen Medikationsplans (BMP).

Informationen zur medikamentösen Behandlung können vom Versicherten freiwillig auf der Gesundheitskarte gespeichert werden. Damit sind Ärzte, Zahnärzte, Psychotherapeuten und Apotheker stets umfassend über die medikamentöse Behandlung informiert. Mögliche Wechselwirkungen der Arzneimittel können so besser berücksichtigt werden.

Bei der Verordnung und Abgabe von Arzneimitteln findet ein Arzt, Zahnarzt, Psychotherapeut und Apotheker über den E-Medikationsplan alle notwendigen Angaben zu den Medikamenten, die ein Patient einnimmt. Darüber hinaus enthält der E-Medikationsplan medikationsrelevante Informationen, die wichtig sind, um unerwünschte Wechselwirkungen zu vermeiden (z. B. Informationen über Allergien).

Nur Ärzte, Zahnärzte, Psychotherapeuten, Apotheker und deren Mitarbeiter dürfen den E-Medikationsplan lesen. Sie benötigen hierfür das Einverständnis des Patienten.

Der E-Medikationsplan ist insbesondere nützlich, wenn

- neue Arzneimittel verordnet werden,
- in der Apotheke rezeptfreie Arzneimittel gekauft werden (Selbstmedikation),

- Informationen für die Ausstellung eines Wiederholungsrezepts benötigt werden,
- sich Einnahmezeitpunkt oder Dosis eines Arzneimittels ändern,
- die Anwendung eines Arzneimittels ausgesetzt wird,
- die Einnahme mehrerer Arzneimittel aufeinander abgestimmt werden muss bzw. wenn bei der Arzneimitteltherapie Allergien oder Unverträglichkeiten zu beachten sind,
- Nebenwirkungen auftreten oder
- sich Handelsnamen von Arzneimitteln ändern.

> **Praxis-Tipp:**
>
> *Zur Nutzung des elektronischen Medikationsplans benötigen Sie von Ihrer Krankenkasse eine sicher zugestellte PIN für die elektronische Gesundheitskarte. Sprechen Sie Ihre Krankenkasse darauf an.*

Heilmittel

Nach § 32 Abs. 1 SGB V haben Versicherte Anspruch auf Heilmittelversorgung, soweit diese nicht durch Gesetz oder Rechtsverordnung ausgeschlossen ist. Für nicht ausgeschlossene Heilmittel bleiben die Heilmittel-Richtlinien geltend.

Näheres zum Leistungsinhalt und eine Konkretisierung des Anspruchs nach § 32 SGB V findet sich in der vom Gemeinsamen Bundesausschuss beschlossene Heilmittel-Richtlinie. Diese Richtlinie wurde zuletzt am 19.09.2020 mit Wirkung zum 01.01.2021 grundlegend geändert (siehe dazu noch ausführlicher im Folgenden).

Heilmittel sind persönlich zu erbringende medizinische Leistungen aus den Gebieten der Physiotherapie, der Podologischen Therapie, der Stimm-, Sprech-, Sprach- und Schlucktherapie, der Ergotherapie und der Ernährungstherapie.

Physiotherapie

Physiotherapie im Sinne der Heilmittel umfasst die physiotherapeutischen Verfahren der Bewegungstherapie sowie die physikalische Therapie. Physiotherapie nutzt sowohl die aktive selbständig ausgeführte, die assistive, therapeutisch unterstützte, als auch die passive (z. B. durch den Therapeuten geführte) Bewegung des Menschen, bei Bedarf ergänzt durch den Einsatz physikalischer Therapien wie Massage-, Hydro-, Thermo- oder Elektrotherapie.

Die Maßnahmen der physikalischen Therapie unterscheiden sich:

- Massagetherapie
- Bewegungstherapie (z. B. Krankengymnastik)
- Traktionsbehandlung
- Elektrotherapie
- Kohlensäurebäder
- Inhalationstherapie
- Thermotherapie

Podologische Therapie

Die Podologische Therapie umfasst das fachgerechte Abtragen bzw. Entfernen von krankhaften Hornhautverdickungen, das Schneiden, Schleifen und Fräsen von krankhaft verdickten Zehennägeln und die Behandlung von Zehennägeln mit Tendenz zum Einwachsen sowie von eingewachsenen Zehennägeln im Stadium 1.

Zur Podologischen Therapie gehört auch die regelmäßige Unterweisung in der sachgerechten eigenständigen Durchführung der Fuß-, Haut- und Nagelpflege sowie die Vermittlung von Verhaltensmaßregeln, um Fußverletzungen und Folgeschäden zu vermeiden.

Maßnahmen der Stimm-, Sprech-, Sprach- und Schlucktherapie

Die Maßnahmen dienen dazu,

- die Kommunikationsfähigkeit,
- die Stimmgebung,
- das Sprechen,
- die Sprache und
- den Schluckakt

bei krankheitsbedingten Störungen

- wiederherzustellen
- zu verbessern oder
- eine Verschlimmerung zu vermeiden.

Die Ärzte können seit dem 01.01.2021 Schlucktherapie als eigenes Heilmittel verordnen. Bislang war sie unter den Maßnahmen der Stimm-, Sprech- und Sprachtherapie eingegliedert. Daher heißt der Heilmittelbereich zukünftig Stimm-, Sprech-, Sprach- und Schlucktherapie.

Ergotherapie

Die Maßnahmen der Ergotherapie (Beschäftigungs- und Arbeitstherapie) dienen der Wiederherstellung, Entwicklung, Verbesserung, Erhaltung oder Kompensation der krankheitsbedingt gestörten motorischen, sensorischen, physischen und kognitiven Funktionen und Fähigkeiten.

Ernährungstherapie

Ernährungstherapie im Sinne dieser Richtlinie ist ein verordnungsfähiges Heilmittel, das sich auf die ernährungstherapeutische Behandlung seltener angeborener Stoffwechselerkrankungen oder Mukoviszidose (Cystische Fibrose - CF) richtet, wenn sie als medizinische Maßnahme (gegebenenfalls in Kombination mit anderen Maßnahmen) zwingend erforderlich ist, da ansonsten schwere geistige oder körperliche Beeinträchtigungen oder Tod drohen.

Ernährungstherapie richtet sich an die Patientin, den Patienten oder die relevanten Bezugspersonen.

Verordnung: Neuregelungen ab dem 01.01.2021

Die bisherige Regelfallsystematik wurde mit Geltung ab 01.01.2021 abgeschafft. Das bedeutet, dass die Unterscheidung zwischen Erstverordnung, Folgeverordnung und Verordnung außerhalb des Regelfalls entfallen ist. Nun gibt es einen Verordnungsfall und daran geknüpft eine sogenannte orientierende Behandlungsmenge.

Die Formulierung „orientierende Behandlungsmenge" soll deutlich machen, dass sich der Arzt im Verordnungsfall an dieser Menge orientiert, aber je nach medizinischem Bedarf des Patienten davon abweichen kann. Die orientierende Behandlungsmenge (OBM) definiert die Summe der Behandlungseinheiten, mit der das angestrebte Therapieziel in der Regel erreicht werden kann. Die OBM ergibt sich indikationsbezogen aus dem Heilmittelkatalog. Konnte das angestrebte

Therapieziel mit der OBM nicht erreicht werden, sind weitere, darüber hinausgehende Verordnungen möglich.

Ein neuer Verordnungsfall tritt ein, wenn seit dem Datum der letzten Verordnung ein Zeitraum von sechs Monaten vergangen ist, in dem keine weitere Verordnung für diesen Verordnungsfall ausgestellt wurde. Treten im Zusammenhang mehrere, voneinander unabhängige Diagnosen derselben oder unterschiedlicher Diagnosegruppe(n) auf, kann dies weitere Verordnungsfälle auslösen, für die jeweils separate Verordnungen auszustellen sind.

> **Wichtig:** Für den Versicherten fallen die früheren (bis 31.12.2020) notwendigen Genehmigungsschritte gegenüber seiner Krankenkasse weg; er braucht nur noch ein Verordnungsformular.

Wegfall des Genehmigungsverfahrens bei Verordnungen außerhalb des Regelfalls

Mit dem Wegfall der Verordnung außerhalb des Regelfalls entfällt auch das entsprechende Genehmigungsverfahren, das einige Krankenkassen verlangten. Somit sind auch für Verordnungsfälle, bei denen die orientierende Behandlungsmenge überschritten wird, keine Begründungen der behandelnden Ärzte mehr erforderlich (§ 7 Abs. 4 HeilM-RL). Der Arzt dokumentiert lediglich in der Patientenakte die Gründe für den höheren Heilmittelbedarf.

Der Vorteil ist, dass Ärzte keine Begründung mehr auf der Verordnung angeben müssen und die Therapeuten und Patienten entlastet werden, da sie kein Genehmigungsverfahren mehr zu berücksichtigen haben.

Langfristiger Heilmittelbedarf nach § 32 Abs. 1a SGB V

Nach § 32 Abs. 1a SGB V regelt der Gemeinsame Bundesausschuss in seiner Heilmittel-Richtlinie das Nähere zur Heilmittelversorgung von Versicherten mit langfristigem Behandlungsbedarf. Er hat insbesondere zu bestimmen, wann ein langfristiger Heilmittelbedarf vorliegt, und festzulegen, ob und inwieweit ein Genehmigungsverfahren durchzuführen ist.

Hat der Arzt eine schwere funktionelle oder strukturelle Schädigung festgestellt, bei deren Behandlung fortlaufend über einen Zeitraum von mindestens einem Jahr Heilmittel erforderlich sind, erfolgt die Genehmigung durch ein vereinfachtes Verfahren.

Die Heilmittel-Richtlinie enthält als Anlage 2 eine Diagnoseliste. Sie führt die Erkrankungen auf, bei denen eine langfristige Heilmitteltherapie erforderlich werden kann – mit der Folge, dass ein langfristiger Heilmittelbedarf von vornherein als genehmigt gilt; ein Antrag bei der Krankenkasse entfällt.

Der behandelnde Arzt kann erforderliche Heilmittel verordnen, solange sie medizinisch notwendig sind. Allerdings ist mindestens alle zwölf Wochen ein Arztbesuch zur medizinischen Kontrolle und eine erneute Heilmittelverordnung nötig.

Ist die Krankheit in Anlage 2 der Heilmittel-Richtlinie nicht aufgeführt, kann noch eine weitere Liste eine kontinuierliche Heilmittelversorgung begründen: die Diagnoseliste über besondere Verordnungsbedarfe. Wenn die Krankheit auf dieser Liste steht und die Nebenbedingungen (z. B. Alter des Patienten oder Zeitpunkt des Akutereignisses) erfüllt sind, ist kein Antrag auf Genehmigung eines langfristigen Heilmittelbedarfs erforderlich.

Ist die Erkrankung auf keiner der beiden Listen genannt, kann es dennoch sein, dass aufgrund einer dauerhaften funktionellen/strukturellen Schädigung ein langfristiger Heilmittelbedarf vorliegt. Der Arzt kann in diesem Fall eine entsprechende Verordnung ausstellen, muss diese aber begründen. Aus dieser Begründung muss hervorgehen, dass eine mit der Diagnoseliste vergleichbare schwere und langfristige Erkrankung vorliegt und deshalb die Notwendigkeit einer fortlaufenden Heilmitteltherapie über mindestens ein Jahr besteht. Diese kann sich auch aus der Summe einzelner Erkrankungen ergeben. Liegt solch eine Verordnung mit Begründung vor, kann bei der Krankenkasse ein Antrag auf Genehmigung eines langfristigen Heilmittelbedarfs gestellt werden.

Wichtig: Die Krankenkasse muss über die Genehmigung eines langfristigen Heilmittelbedarfs innerhalb von vier Wochen nach Antragseingang

entscheiden. Nach Ablauf dieser Frist ohne Rückmeldung der Krankenkasse gilt die Genehmigung als erteilt.

Für eine Prüfung des Antrags kann gegebenenfalls auch ein Gutachten
des Medizinischen Dienstes erforderlich sein. Falls hierfür ergänzende
Informationen nötig sind, kann die Krankenkasse bzw. der Medizinische Dienst diese beim Arzt anfordern. In diesem Fall wird die Vier-
wochenfrist so lange unterbrochen, bis die ergänzenden Informationen eingegangen sind. Hat die Krankenkasse den Antrag genehmigt,
kann die Heilmitteltherapie für den genehmigten Zeitraum fortgesetzt
werden. Mindestens alle zwölf Wochen sind jedoch ein Arztbesuch
zur Kontrolle sowie eine erneute Heilmittelverordnung erforderlich.
Sollte der langfristige Heilmittelbedarf nicht bestätigt werden, kann
die medizinisch notwendige Heilmitteltherapie nach den allgemeinen
Regelungen der Heilmittel-Richtlinie fortgesetzt werden.

Nicht verordnungsfähige Heilmittel

In Anlage 1 der Heilmittel-Richtlinie werden nicht verordnungsfähige
Heilmittel aufgeführt:

Maßnahmen, deren therapeutischer Nutzen nach Maßgabe der Ver-
fahrensordnung des G-BA (VerfO) nicht nachgewiesen ist:

- Hippotherapie
- Isokinetische Muskelrehabilitation
- Höhlentherapie
- Musik- und Tanztherapie
- Magnetfeldtherapie ohne Verwendung implantierter Spulen (Mag-
  netfeldgeräte zur Anwendung bei der invasiven Elektroosteosti-
  mulation unterliegen den Regelungen über die Verordnung von
  Hilfsmitteln)
- Fußreflexzonenmassage
- Akupunkturmassage
- Atlas-Therapie nach Arlen
- Mototherapie
- Zilgrei-Methode

- Atemtherapie nach Middendorf
- Konduktive Förderung nach Petö

Indikationen, bei denen der Einsatz von Maßnahmen, deren therapeutischer Nutzen nachgewiesen ist, nicht anerkannt ist:

- Entwicklungsbedingte Sprechunflüssigkeit im Kindesalter
- Stimmtherapie bei nicht krankhaftem Verlauf des Stimmbruchs
- Alle psychotherapeutischen Behandlungsformen, die Regelungs-gegenstand der Psychotherapie-Richtlinie sind
- Störungen wie Lese- und Rechtschreibschwäche, sonstige isolierte Lernstörungen

Maßnahmen, die der persönlichen Lebensführung zuzuordnen sind:

- Massage des ganzen Körpers (Ganz- bzw. Vollmassagen)
- Massage mittels Gerät oder Unterwassermassage mittels automatischer Düsen
- Teil- und Wannenbäder, soweit sie nicht nach den Vorgaben des Heilmittelkataloges verordnungsfähig sind
- Sauna, römisch-irische und russisch-römische Bäder
- Schwimmen und Baden, auch in Thermal- und Warmwasserbädern
- Maßnahmen, die der Veränderung der Körperform (z.B. Bodybuilding) oder dem Fitnesstraining dienen

Zuzahlungen

Versicherte, die das 18. Lebensjahr vollendet haben, haben zu den Kosten der Heilmittel eine Zuzahlung von 10 Prozent der Kosten sowie 10 Euro je Verordnung an die abgebende Stelle zu leisten.

Die Zuzahlungen für die Heilmittel, die als Bestandteil der ärztlichen Behandlung geleistet werden müssen, errechnen sich aus den Preisen, die hier vereinbart worden sind.

Die Zuzahlungen sind nur bis zur Höhe der Belastungsgrenze nach § 62 SGB V zu leisten.

Hilfsmittel

Leistungen für Hilfsmittel

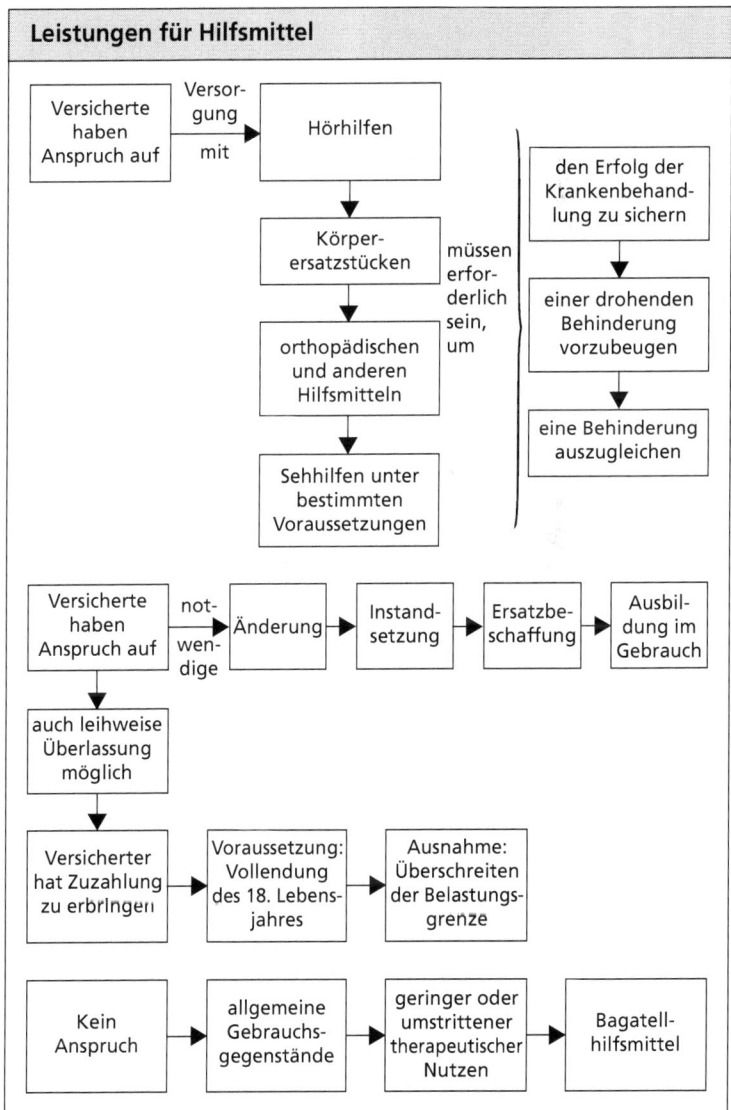

4

Versicherte haben nach § 33 SGB V Anspruch auf Versorgung mit

- Sehhilfen,
- Hörhilfen,
- Körperersatzstücken und
- orthopädischen und anderen Hilfsmitteln,

die im Einzelfall erforderlich sind, um

- den Erfolg der Krankenbehandlung zu sichern,
- einer drohenden Behinderung vorzubeugen oder
- eine Behinderung auszugleichen,

soweit die Hilfsmittel nicht als allgemeine Gebrauchsgegenstände des täglichen Lebens anzusehen oder aufgrund von geringem oder umstrittenem therapeutischen Nutzen oder geringem Abgabepreis ausgeschlossen sind. Die Hilfsmittel müssen mindestens die im Hilfsmittelverzeichnis festgelegten Anforderungen an die Qualität der Versorgung und der Produkte erfüllen, soweit sie im Hilfsmittelverzeichnis gelistet oder von den dort genannten Produktgruppen erfasst sind.

> **Wichtig:** Die Spitzenverbände der Krankenkassen haben ein Hilfsmittelverzeichnis erstellt. Eine Leistungsgewährung kommt nur infrage, wenn das betreffende Hilfsmittel im Verzeichnis enthalten ist. Dieses regelmäßig aktualisierte Verzeichnis ist im Internet abrufbar: https://hilfsmittel.gkv-spitzenverband.de

Sehhilfen

Nach § 33 Abs. 2 SGB V haben Versicherte bis zur Vollendung des 18. Lebensjahres Anspruch auf Versorgung mit Sehhilfen.

Für erwachsene Versicherte besteht der Anspruch auf Sehhilfen nur, wenn

- eine schwere Sehbeeinträchtigung der Stufe 1 vorliegt. Dies ist gegeben, wenn Betroffene trotz Korrektur durch Brillengläser auf dem besseren Auge nur eine Sehschärfe von maximal 30 Prozent haben,
- eine Kurz- oder Weitsichtigkeit vorliegt und eine Sehhilfe mit mehr als 6 Dioptrien notwendig ist oder

▪ eine Hornhautverkrümmung vorliegt und eine Sehhilfe mit mehr als 4 Dioptrien notwendig ist.

Anspruch auf therapeutische Sehhilfen (z. B. Okklusionspflaster, Verbandlinsen) besteht, wenn diese der Behandlung von Augenverletzungen oder Augenerkrankungen dienen. Der Gemeinsame Bundesausschuss bestimmt in der Hilfsmittelrichtlinie, bei welchen Indikationen therapeutische Sehhilfen verordnet werden.

Ein erneuter Anspruch auf Versorgung mit Sehhilfen besteht für Versicherte, die das 14. Lebensjahr vollendet haben, nur bei einer Änderung der Sehfähigkeit um mindestens 0,5 Dioptrien; für medizinisch zwingend erforderliche Fälle kann der Gemeinsame Bundesausschuss in den Hilfsmittel-Richtlinien Ausnahmen zulassen.

Als Sehhilfen zur Verbesserung der Sehschärfe sind verordnungsfähig: Brillengläser, Kontaktlinsen und vergrößernde Sehhilfen.

Brille

Der Anspruch auf Versorgung mit einer Brille umfasst nicht die Kosten des Brillengestells, sondern nur die der Brillengläser – und auch das nur nach strengen Vorgaben:

In erster Linie kommt die Verordnung von Brillengläsern gleichen Brillenglastyps in Betracht. Die Regelversorgung stellen mineralische Brillengläser dar. Kunststoffbrillengläser, Kontaktlinsen und vergrößernde Sehhilfen dürfen nur in medizinisch zwingend erforderlichen Ausnahmefällen verordnet werden.

Neben Brillenfassung sind auch nicht verordnungsfähig:
▪ fototrope (farbveränderliche) Gläser,
▪ hochbrechende Lentikulargläser,
▪ hochbrechende mineralische Gläser mit einem Brechungsindex n > 1,7,
▪ hochbrechende Kunststoffgläser mit einem Brechungsindex n > 1,67,
▪ entspiegelte Gläser,
▪ polarisierende Gläser,
▪ Gläser mit härtender Oberflächenbeschichtung,

- Gläser mit asphärischem Schliff, ausgenommen Kunststoff-Lenti-kulargläser ≥ +12 dpt,
- mineralische oder organische Lentikulargläser, ausgenommen bei Myopie/Hyperopie ≥ 12 dpt,
- Brillengläser und Zurichtungen an der Brille für die Bedingungen an Arbeitsplätzen, zur Verhütung von Unfallschäden und/oder für den Freizeitbereich,
- Brillengläser für Sportbrillen (Ausnahme Schulsportbrille im Rahmen der allgemeinen Schulpflicht),
- Brillengläser für eine so genannte „Zweitbrille", deren Korrektionsstärken bereits vorhandenen Gläsern entsprechen (Mehrfachverordnung).

Wichtig: Bei Brillengläsern für Tätigkeiten an Bildschirmarbeitsplätzen besteht in der Regel Anspruch gegen den Arbeitgeber.

Kontaktlinsen

Anspruch auf Versorgung mit Kontaktlinsen besteht nur in medizinisch zwingend erforderlichen Ausnahmefällen.

Gemäß der Hilfsmittel-Richtlinie sind ausschließlich Einstärken-Kontaktlinsen verordnungsfähig. Formstabile Kontaktlinsen stellen die Regelversorgung dar.

Die Verordnung weicher Kontaktlinsen zur Verbesserung der Sehschärfe bedarf einer besonderen Begründung. Ein ausreichender Trageversuch mit formstabilen Linsen muss erfolglos durchgeführt worden sein.

Nicht verordnungsfähig sind:

- Kontaktlinsen als postoperative Versorgung (auch als Verbandlinse/Verbandschale) nach nicht zulasten der GKV erbringbaren Eingriffen
- Kontaktlinsen in farbiger Ausführung zur Veränderung oder Verstärkung der körpereigenen Farbe der Iris
- so genannte One-Day-Linsen
- multifokale/Mehrstärken-Kontaktlinsen

- Kontaktlinsen mit Lichtschutz und sonstigen Kantenfiltern
- Reinigungs- und Pflegemittel

Hörhilfen

Hörhilfen im Sinne der Hilfsmittel-Richtlinie sind:

- Hörgeräte (Luftleitungsgeräte und Knochenleitungsgeräte) und Zubehör
- Tinnitusgeräte (dazu zählen auch kombinierte Tinnitusgeräte/ Hörgeräte, sogenannte Tinnitusinstrumente)
- Übertragungsanlagen

Bei auditiver Kommunikationsbehinderung kann die Versorgung mit Hilfsmitteln angezeigt sein. Wird die vom Patienten angegebene Behinderung durch ärztliche Untersuchung bestätigt, ist zu prüfen, ob sie durch Hörgeräte wirkungsvoll gemindert werden kann.

Besonderheiten gibt es auch bei der Versorgung im Kindesalter. So ist bei Kindern unter besonderen Umständen eine Hörgeräteversorgung schon bei geringgradiger Schwerhörigkeit erforderlich, beispielsweise wenn das Sprachverständnis bei Störgeräuschen in der Umgebung deutlich eingeschränkt ist. Eine Hörgeräteversorgung ist bei Kindern auch dann vorzunehmen, wenn keine oder nur geringe Hörreste feststellbar sind. Selbst wenn jegliche Hörreste fehlen, soll die Versorgung als Therapieversuch erfolgen.

> **Wichtig:** Die Wiederverordnung von Hörgeräten vor Ablauf von fünf Jahren bei Kindern und Jugendlichen bis zur Vollendung des 18. Lebensjahrs sowie vor Ablauf von sechs Jahren bei Erwachsenen bedarf einer besonderen Begründung. Ein medizinischer Grund kann z. B. die fortschreitende Hörverschlechterung sein. Technische Gründe ergeben sich aus dem Gerätezustandsbericht.

Körperersatzstücke

Mithilfe von Körperersatzstücken wird ein von Geburt an nicht vorhandener oder ein verloren gegangener Körperteil ersetzt (z. B. Armoder Beinprothese). Beim Fehlen von Körperteilen sind in jedem Fall die

Voraussetzungen für die Gewährung von Hilfsmitteln erfüllt, sofern ein Ersatz medizinisch erforderlich und technisch möglich ist.

Orthopädische Hilfsmittel

Orthopädische Hilfsmittel sind dazu bestimmt, den Zwecken der orthopädischen Behandlung zu dienen, um die Behandlung zu fördern oder den Behandlungserfolg zu sichern oder zu stabilisieren. Orthopädische Hilfsmittel müssen demnach noch vorhandene, aber fehlgebildete Körperteile in ihre natürliche Lage oder Form bringen oder sie in ihrer Funktion stützen oder unterstützen. Als orthopädische Hilfsmittel kommen beispielsweise Schuhe, Orthesen sowie Stützvorrichtungen jeder Art in Betracht.

Zuzahlung bei Hilfsmitteln

Versicherte, die das 18. Lebensjahr vollendet haben, leisten zu jedem zulasten der gesetzlichen Krankenversicherung abgegebenen Hilfsmittel als Zuzahlung
- 10 Prozent des Abgabepreises,
- mindestens 5 Euro und höchstens 10 Euro,
- allerdings nicht mehr als die Kosten des Mittels,

zu dem von der Krankenkasse zu übernehmenden Betrags an die abgebende Stelle. Die Zuzahlung bei zum Verbrauch bestimmten Hilfsmitteln beträgt 10 Prozent des insgesamt von der Krankenkasse zu übernehmenden Betrags, jedoch höchstens 10 Euro für den gesamten Monatsbedarf.

Häusliche Krankenpflege

Leistungen zur häuslichen Krankenpflege

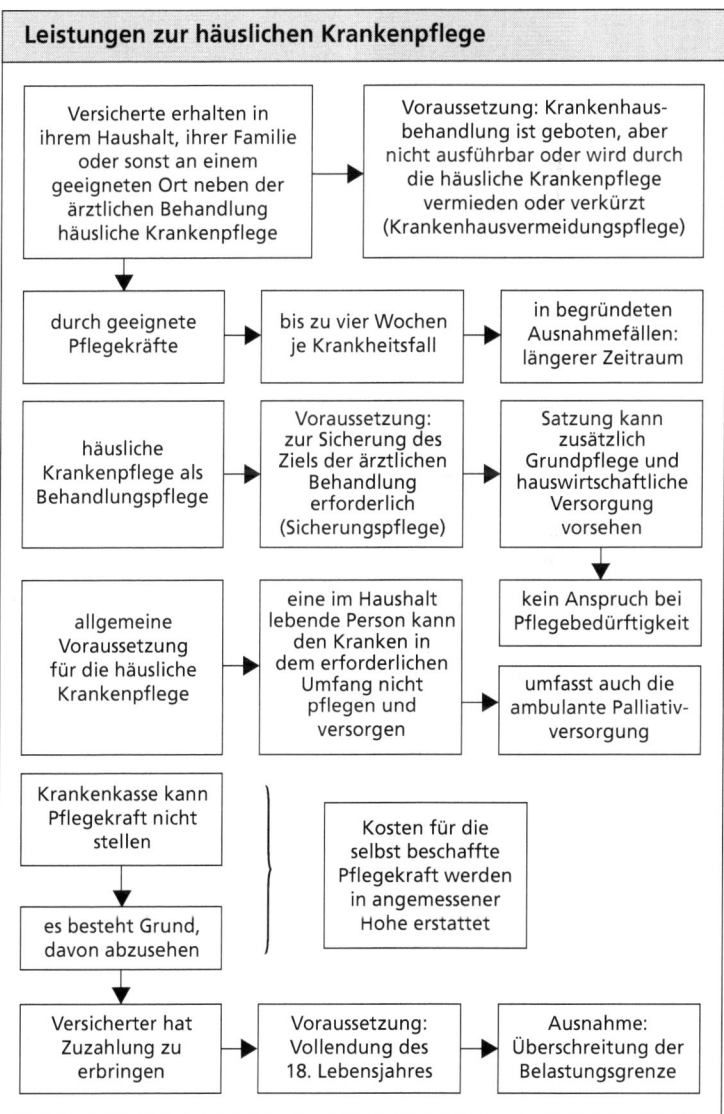

4

Versicherte erhalten in ihrem Haushalt, ihrer Familie oder sonst an einem geeigneten Ort neben der ärztlichen Behandlung häusliche Krankenpflege

→ Voraussetzung: Krankenhausbehandlung ist geboten, aber nicht ausführbar oder wird durch die häusliche Krankenpflege vermieden oder verkürzt (Krankenhausvermeidungspflege)

durch geeignete Pflegekräfte → bis zu vier Wochen je Krankheitsfall → in begründeten Ausnahmefällen: längerer Zeitraum

häusliche Krankenpflege als Behandlungspflege → Voraussetzung: zur Sicherung des Ziels der ärztlichen Behandlung erforderlich (Sicherungspflege) → Satzung kann zusätzlich Grundpflege und hauswirtschaftliche Versorgung vorsehen

allgemeine Voraussetzung für die häusliche Krankenpflege → eine im Haushalt lebende Person kann den Kranken in dem erforderlichen Umfang nicht pflegen und versorgen

kein Anspruch bei Pflegebedürftigkeit

umfasst auch die ambulante Palliativversorgung

Krankenkasse kann Pflegekraft nicht stellen

es besteht Grund, davon abzusehen

Kosten für die selbst beschaffte Pflegekraft werden in angemessener Hohe erstattet

Versicherter hat Zuzahlung zu erbringen → Voraussetzung: Vollendung des 18. Lebensjahres → Ausnahme: Überschreitung der Belastungsgrenze

Versicherte erhalten in ihrem Haushalt, ihrer Familie oder sonst an einem geeigneten Ort, insbesondere in betreuten Wohnformen, Schulen und Kindergärten, bei besonders hohem Pflegebedarf auch in Werkstätten für behinderte Menschen, neben der ärztlichen Behandlung häusliche Krankenpflege durch geeignete Pflegekräfte, wenn

- Krankenhausbehandlung geboten, aber nicht ausführbar ist, oder
- wenn sie durch die häusliche Krankenpflege vermieden oder verkürzt wird.

Die häusliche Krankenpflege umfasst die im Einzelfall erforderliche Grund- und Behandlungspflege sowie hauswirtschaftliche Versorgung. Der Anspruch besteht bis zu vier Wochen je Krankheitsfall. In begründeten Ausnahmefällen kann die Krankenkasse die häusliche Krankenpflege für einen längeren Zeitraum bewilligen, wenn der Medizinische Dienst festgestellt hat, dass dies aus bestimmten Gründen erforderlich ist.

Versicherte erhalten in ihrem Haushalt, ihrer Familie oder sonst an einem geeigneten Ort, insbesondere in betreuten Wohnformen, Schulen und Kindergärten, bei besonders hohem Pflegebedarf auch in Werkstätten für behinderte Menschen als häusliche Krankenpflege, wenn diese zur Sicherung des Ziels der ärztlichen Behandlung erforderlich ist.

Versicherte erhalten an geeigneten Orten wegen schwerer Krankheit oder wegen akuter Verschlimmerung einer Krankheit, insbesondere nach

- einem Krankenhausaufenthalt,
- nach einer ambulanten Operation oder
- nach einer ambulanten Krankenhausbehandlung,

soweit keine Pflegebedürftigkeit mit Pflegegrad 2, 3, 4 oder 5 im Sinne des Elften Buches vorliegt, die erforderliche Grundpflege und hauswirtschaftliche Versorgung.

Es gibt zwei Arten häuslicher Krankenpflege:

- nicht ausführbare Krankenhausbehandlung und Krankenhausvermeidungspflege
- zur Sicherung des Ziels der ärztlichen Behandlung

Praxis-Tipp:

Die Verordnung häuslicher Krankenpflege erfolgt nur bei medizinischer Notwendigkeit. Diese kann sowohl kurativ als auch palliativ indiziert sein. Dabei sind durch den Arzt die besonderen Belange kranker Kinder und wirtschaftliche Versorgungsalternativen zu berücksichtigen. Sprechen Sie hierzu Ihren Arzt bzgl. wirtschaftlicher Alternativen an.

Nicht ausführbare Krankenhausbehandlung, Krankenhausvermeidungspflege

4

Die Gründe, dass eine Krankenhausbehandlung nicht ausführbar ist, können sowohl in der Person des Versicherten als auch im stationären Bereich (z. B. Fehlen einer geeigneten Einrichtung) liegen. Mit dem Abstellen darauf, dass die häusliche Krankenpflege zusammen mit der ärztlichen Behandlung der Vermeidung oder Verkürzung einer Krankenhausbehandlung dient, soll es dem Versicherten ermöglicht werden, frühzeitig nach Hause zurückzukehren.

Damit wird zugleich ein Anreiz geschaffen, eine Krankenhausbehandlung soweit wie möglich abzukürzen oder zu vermeiden. Da Krankenhausbehandlung nur beansprucht werden kann (vgl. § 39 Abs. 1 SGB V), wenn das Behandlungsziel nicht durch teilstationäre, vor- und nachstationäre oder ambulante Behandlung einschließlich häuslicher Krankenpflege erreicht werden kann, prüfen die Kassen vor einer Kostenübernahme einer Krankenhausbehandlung die Möglichkeiten zur häuslichen Krankenpflege.

Häusliche Krankenpflege ist nach dem Gemeinsamen Rundschreiben der Spitzenverbände zu den leistungsrechtlichen Grundlagen des SGB V auch dann zur Verfügung zu stellen, wenn die Notwendigkeit der stationären Behandlung im gegenwärtigen Zeitpunkt zwar noch nicht gegeben ist, jedoch ohne häusliche Krankenpflege erforderlich würde.

Sicherungspflege

Im Gegensatz zur Krankenhausvermeidungspflege setzt die häusliche Krankenpflege nach § 37 Abs. 2 Satz 1 SGB V nicht voraus, dass Krankenhausbehandlung geboten ist. Die häusliche Krankenpflege muss in diesen Fällen notwendig sein, um das Ziel der ärztlichen Behandlung, d. h. eine Krankheit zu heilen, ihre Verschlimmerung zu verhüten oder Krankheitsbeschwerden zu lindern, zu erreichen.

Inhalt der Leistungen

Häusliche Krankenpflege anstelle oder zur Vermeidung von Krankenhausbehandlung umfasst sowohl Behandlungspflege als auch Grundpflege sowie hauswirtschaftliche Versorgung. Bei häuslicher Krankenpflege zur Sicherung des Ziels der ärztlichen Behandlung ist nur die Behandlungspflege Regelleistung. Die Grundpflege und die hauswirtschaftliche Versorgung können nur als Mehrleistung im Rahmen einer Satzungsregelung vorgesehen werden. Die Maßnahmen können entweder zusammen oder einzeln in Frage kommen. Im Einzelfall richtet sich der Leistungsinhalt

- nach dem Krankheitsbild und
- nach den Möglichkeiten, die der zu pflegenden Person verblieben sind. Dabei sind, soweit erforderlich, auch die besonderen Bedürfnisse psychisch Kranker zu berücksichtigen.

> **Praxis-Tipp:**
>
> *Erkundigen Sie sich, ob Ihre Krankenkasse eine Satzungsregelung im Rahmen der häuslichen Krankenpflege zur Sicherung des Ziels der ärztlichen Behandlung getroffen hat.*

Zur Behandlungspflege gehören ausschließlich solche medizinischen Hilfeleistungen, die nicht vom behandelnden Arzt selbst erbracht werden; sie umfassen insbesondere:

- Injektionen
- Verbandwechsel
- Katheterisierung
- Einläufe
- Spülungen
- Einreibungen
- Dekubitusvorsorge

- Vorbeugen bei Suizidgefährdung psychisch Kranker oder Sicherung des notwendigen Patientenbeitrags zur ärztlichen Therapie (z. B. Medikamenteneinnahme, Aufklärung über Medikamente)

Gegenstand der Grundpflege sind vor allem pflegerische Maßnahmen. Hierzu gehören insbesondere:

- Betten und Lagern
- Körperpflege
- Hilfen im hygienischen Bereich
- Körpertemperatur messen
- Tag- und Nachtwachen

Hauswirtschaftliche Arbeiten gehören zur häuslichen Krankenpflege, soweit sie auf Versorgung des Versicherten, z. B. im hygienischen Bereich oder durch Zubereitung von Mahlzeiten, ausgerichtet sind. Weitergehende Leistungen können im Rahmen der Haushaltshilfe beansprucht werden.

> **Wichtig:** Der Anspruch auf häusliche Krankenpflege besteht nur, soweit eine im Haushalt lebende Person den Kranken in dem erforderlichen Umfang nicht pflegen und versorgen kann.

Kann die Krankenkasse keine Kraft für die häusliche Krankenpflege stellen oder besteht Grund, davon abzusehen, sind dem Versicherten die Kosten für eine selbstbeschaffte Kraft in angemessener Höhe zu erstatten. Der Versicherte hat Anspruch auf häusliche Krankenpflege durch geeignete Pflegekräfte. Da die häusliche Krankenpflege im Einzelfall auch die über eine Krankenpflegetätigkeit hinausgehende hauswirtschaftliche Versorgung (z. B. Zubereitung von Mahlzeiten) umfassen kann, spricht das Gesetz nicht von Krankenpflegepersonen, sondern umfassender von Pflegekräften.

Gleichwohl kommen für die Betreuung insbesondere Personen mit anerkannten Berufen nach dem Pflegeberufsgesetz in Betracht. Diese Krankenpflegepersonen erhalten die Erlaubnis von der durch die Landesregierung bestimmten Behörde.

Außerdem kann die häusliche Krankenpflege auch von anderen geeigneten Personen erbracht werden. Geeignet ist derjenige, der die im speziellen Falle erforderliche Krankenpflege ordnungsgemäß verrichten kann.

Kurzzeitpflege bei fehlender Pflegebedürftigkeit

Reichen Leistungen der häuslichen Krankenpflege bei schwerer Krankheit oder wegen akuter Verschlimmerung einer Krankheit, insbesondere nach

- einem Krankenhausaufenthalt,
- nach einer ambulanten Operation oder
- nach einer ambulanten Krankenhausbehandlung,

nicht aus, erbringt die Krankenkasse eine erforderliche Kurzzeitpflege entsprechend § 42 SGB XI für eine Übergangszeit, wenn keine Pflegebedürftigkeit mit Pflegegrad 2, 3, 4 oder 5 im Sinne der Pflegeversicherung festgestellt ist. Läge eine Pflegebedürftigkeit ab Pflegegrad 2 vor, wäre die Pflegekasse verpflichtet, die Kosten zu übernehmen. Die Kurzzeitpflege auf Kosten der Krankenkasse kommt also nur für Patienten in Betracht, die maximal in Pflegegrad 1 einzustufen sind.

Der Anspruch auf Kurzzeitpflege ist wie in der Pflegeversicherung auf acht Wochen im Kalenderjahr begrenzt. Die Krankenkasse übernimmt bis zu einem Gesamtbetrag von 1.612 Euro im Kalenderjahr:

- pflegebedingte Aufwendungen
- Aufwendungen der sozialen Betreuung
- Aufwendungen für Leistungen der medizinischen Behandlungspflege

Die Leistung nach § 39c SGB V kann in zugelassenen Einrichtungen nach dem SGB XI oder in anderen geeigneten Einrichtungen erbracht werden.

Über die Erbringung von Leistungen nach § 39c SGB V können die Krankenkassen oder ihre Landesverbände mit geeigneten Einrichtungen Verträge abschließen, soweit dies für eine bedarfsgerechte Versorgung notwendig ist.

Zuzahlung

Versicherte, die das 18. Lebensjahr vollendet haben, leisten als Zuzahlung 10 Prozent der Kosten sowie 10 Euro je Verordnung. Die Zuzahlungen an die Krankenkasse sind begrenzt auf die für die ersten 28 Kalendertage der Leistungsinanspruchnahme je Kalenderjahr anfallenden.

Zuzahlungen sind lediglich bis zur Belastungsgrenze nach § 62 SGB V zu erbringen.

Spezialisierte ambulante Palliativversorgung

Versicherte mit einer nicht heilbaren, fortschreitenden und weit fortgeschrittenen Erkrankung bei einer zugleich begrenzten Lebenserwartung, die eine besonders aufwändige Versorgung benötigen, haben Anspruch auf spezialisierte ambulante Palliativversorgung.

Die Leistung ist von einem Vertragsarzt oder Krankenhausarzt zu verordnen.

Die spezialisierte ambulante Palliativversorgung umfasst ärztliche und pflegerische Leistungen einschließlich ihrer Koordination insbesondere zur Schmerztherapie und Symptomkontrolle und zielt darauf ab, die Betreuung der Versicherten in der vertrauten Umgebung des häuslichen oder familiären Bereichs zu ermöglichen; hierzu zählen beispielsweise Einrichtungen der Eingliederungshilfe für Menschen mit Behinderungen sowie Einrichtungen der Kinder- und Jugendhilfe.

Versicherte in stationären Hospizen haben Anspruch auf die Teilleistung der erforderlichen ärztlichen Versorgung im Rahmen der spezialisierten ambulanten Palliativversorgung. Dies gilt nur, wenn und soweit nicht andere Leistungsträger zur Leistung verpflichtet sind. Dabei sind die besonderen Belange von Kindern zu berücksichtigen.

Versicherte in stationären Pflegeeinrichtungen haben ebenfalls Anspruch auf spezialisierte Palliativversorgung.

In Verträgen wird geregelt, ob die Leistung durch Vertragspartner der Krankenkassen in der Pflegeeinrichtung oder durch das Personal der Pflegeeinrichtung erbracht wird.

Der Gemeinsame Bundesausschuss bestimmt in Richtlinien das Nähere über die Leistungen.

Haushaltshilfe

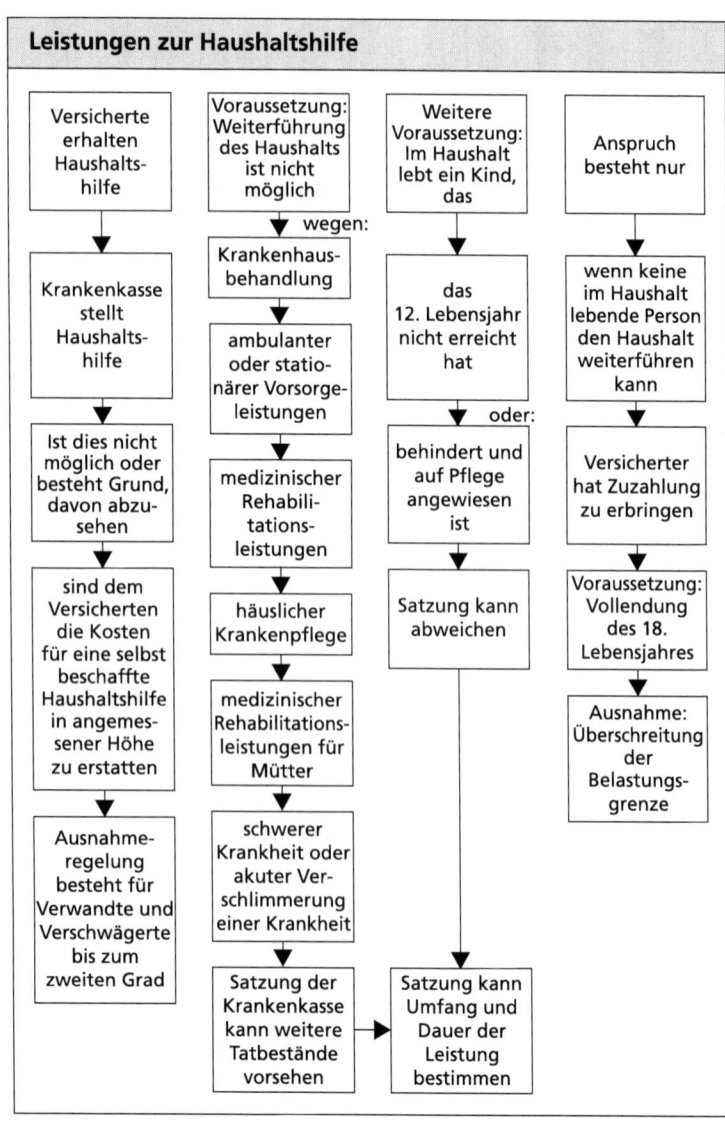

Leistungen zur Haushaltshilfe

Versicherte erhalten Haushaltshilfe
→ Krankenkasse stellt Haushaltshilfe
→ Ist dies nicht möglich oder besteht Grund, davon abzusehen
→ sind dem Versicherten die Kosten für eine selbst beschaffte Haushaltshilfe in angemessener Höhe zu erstatten
→ Ausnahmeregelung besteht für Verwandte und Verschwägerte bis zum zweiten Grad

Voraussetzung: Weiterführung des Haushalts ist nicht möglich
→ wegen:
→ Krankenhausbehandlung
→ ambulanter oder stationärer Vorsorgeleistungen
→ medizinischer Rehabilitationsleistungen
→ häuslicher Krankenpflege
→ medizinischer Rehabilitationsleistungen für Mütter
→ schwerer Krankheit oder akuter Verschlimmerung einer Krankheit
→ Satzung der Krankenkasse kann weitere Tatbestände vorsehen

Weitere Voraussetzung: Im Haushalt lebt ein Kind, das
→ das 12. Lebensjahr nicht erreicht hat
→ oder: behindert und auf Pflege angewiesen ist
→ Satzung kann abweichen
→ Satzung kann Umfang und Dauer der Leistung bestimmen

Anspruch besteht nur
→ wenn keine im Haushalt lebende Person den Haushalt weiterführen kann
→ Versicherter hat Zuzahlung zu erbringen
→ Voraussetzung: Vollendung des 18. Lebensjahres
→ Ausnahme: Überschreitung der Belastungsgrenze

Versicherte mit Kind erhalten Haushaltshilfe, wenn ihnen wegen einer der folgenden Maßnahmen die Weiterführung des Haushalts nicht möglich ist:

- Krankenhausbehandlung
- ambulante oder stationäre Vorsorge- oder Rehabilitationskur
- Mutter/Vater-Kind-Kur (Vorsorge und Rehabilitation)
- häusliche Krankenpflege

Voraussetzung ist ferner, dass im Haushalt ein Kind lebt, das bei Beginn der Haushaltshilfe das zwölfte Lebensjahr noch nicht vollendet hat oder das behindert und auf Hilfe angewiesen ist. Als Kind in diesem Sinne kommt nicht nur ein familienversichertes Kind, sondern jedes gewöhnlich im Haushalt lebende Kind in Betracht. Dabei spielt es keine Rolle, ob das Kind ein Familienangehöriger des Versicherten bzw. seines Ehegatten ist.

Der Anspruch auf Haushaltshilfe besteht zudem nur, soweit eine im Haushalt lebende Person den Haushalt – aus persönlichen oder beruflichen Gründen – nicht weiterführen kann.

Anspruch auf Haushaltshilfe besteht insoweit, als der Versicherte den Haushalt selbst geführt hat.

> **Wichtig:** Der Anspruch ist demnach ausgeschlossen, wenn die wesentlichen Haushaltsarbeiten einschließlich Beaufsichtigung und Betreuung der Kinder durch den Ehegatten, einen anderen Angehörigen oder durch Dritte (z. B. eine Hausangestellte) verrichtet wurden. Kann die Haushaltshilfe ganz oder teilweise von einer im eigenen Haushalt des Versicherten oder im Familienhaushalt wohnenden Person durchgeführt werden, entfällt insoweit die Leistungspflicht der Krankenkasse.

Darüber hinaus erhalten Versicherte, soweit keine Pflegebedürftigkeit mit Pflegegrad 2, 3, 4 oder 5 vorliegt, auch dann Haushaltshilfe, wenn ihnen die Weiterführung des Haushalts wegen schwerer Krankheit oder wegen akuter Verschlimmerung einer Krankheit, insbesondere nach

- einem Krankenhausaufenthalt,
- nach einer ambulanten Operation oder
- nach einer ambulanten Krankenhausbehandlung,

nicht möglich ist, längstens jedoch für die Dauer von vier Wochen. Wenn im Haushalt ein Kind lebt, das bei Beginn der Haushaltshilfe das zwölfte Lebensjahr noch nicht vollendet hat oder das behindert und auf Hilfe angewiesen ist, verlängert sich der Anspruch auf längstens 26 Wochen.

Die Pflegebedürftigkeit von Versicherten schließt Haushaltshilfe zur Versorgung des Kindes nicht aus.

Die Satzung kann bestimmen, dass die Krankenkasse auch in anderen als den vorgenannten Fällen Haushaltshilfe erbringt, wenn Versicherten wegen Krankheit die Weiterführung des Haushalts nicht möglich ist; auch von Umfang und Dauer der Leistung – wie gleich im Folgenden beschrieben – kann sie abweichen.

> **Praxis-Tipp:**
>
> *Erkundigen Sie sich bei Ihrer Krankenkasse, ob auch in anderen Fällen (z. B. Hilfebedürftigkeit nach einer ambulanten Behandlung) ein Anspruch auf Haushaltshilfe in der Satzung verankert ist bzw. wie die Leistung in Ihrer Kasse genau ausgestaltet ist.*

Leistungsumfang

Der Begriff „Haushaltshilfe" wird im Gesetz nicht definiert. Aus der Tatsache, dass die Haushaltshilfe bei Ausfall der haushaltsführenden Person zur Verfügung zu stellen ist, muss aber geschlossen werden, dass die Hilfe in hauswirtschaftlichen Tätigkeiten besteht. Die Haushaltshilfe umfasst demnach die Dienstleistungen, die zur Weiterführung des Haushalts notwendig sind, z. B. Beschaffung und Zubereitung der Mahlzeiten, Pflege der Kleidung und der Wohnräume. Darüber hinaus erstreckt sie sich auf die Betreuung und Beaufsichtigung der Kinder.

Die zeitliche Begrenzung des Anspruchs auf Haushaltshilfe richtet sich nach der Hauptleistung, die die Haushaltshilfe notwendig macht. Eine Verhinderung bei der Weiterführung des Haushalts kann sowohl für den Aufnahme- als auch für den Entlassungstag (ggf. auch für den Reisetag) angenommen werden.

Je nach den Verhältnissen kann es erforderlich sein, die Ersatzkraft in den Haushalt einzuweisen und mit den Besonderheiten (z. B. wegen eines im Haushalt lebenden behinderten und auf Hilfe angewiesenen Kindes) vertraut zu machen; die hierdurch entstehenden Aufwendungen gehören zur Kostenerstattung für die Haushaltshilfe.

Verfahrensablauf und ggf. selbstbeschaffte Ersatzkraft

Kann die Krankenkasse keine Haushaltshilfe stellen oder besteht Grund, davon abzusehen, sind den Versicherten die Kosten für eine selbstbeschaffte Haushaltshilfe in angemessener Höhe zu erstatten. Für Verwandte und Verschwägerte bis zum zweiten Grad werden keine Kosten erstattet; die Krankenkasse kann jedoch die erforderlichen Fahrtkosten und den Verdienstausfall erstatten, wenn die Erstattung in einem angemessenen Verhältnis zu den sonst für eine Ersatzkraft entstehenden Kosten steht.

Zuzahlungen

Versicherte, die das 18. Lebensjahr vollendet haben, leisten als Zuzahlung je Kalendertag der Leistungsinanspruchnahme

- 10 Prozent des Abgabepreises,
- mindestens 5 Euro und höchstens 10 Euro,
- allerdings nicht mehr als die Kosten,

an die Krankenkasse. Die Höchstgrenze bildet auch hier wieder die Belastungsgrenze.

Künstliche Befruchtung und Herstellung der Zeugungs- oder Empfängnisfähigkeit

Versicherte haben Anspruch auf medizinische Maßnahmen zur Herbeiführung einer Schwangerschaft, wenn

- diese Maßnahmen nach ärztlicher Feststellung erforderlich sind,
- nach ärztlicher Feststellung hinreichende Erfolgsaussichten für eine Schwangerschaft bestehen; das ist nicht mehr der Fall, wenn die Maßnahme drei Mal ohne Erfolg durchgeführt worden ist,

- das Paar, das diese Maßnahmen in Anspruch nehmen will, miteinander verheiratet ist (nach Urteil des Bundesverfassungsgerichts vom 28.02.2007 ist diese Voraussetzung verfassungskonform),
- ausschließlich Ei- und Samenzellen der Ehegatten verwendet werden und
- sich die Ehegatten vor Durchführung der Maßnahmen von einem Arzt, der die Behandlung nicht selbst durchführt, über eine solche Behandlung unter Berücksichtigung ihrer medizinischen und psychosozialen Gesichtspunkte haben unterrichten lassen und der Arzt sie an einen der Ärzte oder eine der Einrichtungen überwiesen hat.

Ein Anspruch auf diese Leistung besteht für:

- weibliche Versicherte zwischen Vollendung des 25. Lebensjahres bis Vollendung des 40. Lebensjahres,
- männliche Versicherte zwischen Vollendung des 25. Lebensjahres und Vollendung des 50. Lebensjahres.

Vor Beginn der Behandlung ist der Krankenkasse ein Behandlungsplan zur Genehmigung vorzulegen. Die Krankenkasse übernimmt 50 Prozent der mit dem Behandlungsplan genehmigten Kosten.

Versicherte haben zudem Anspruch auf Kryokonservierung (= Aufbewahrung durch Einfrieren in flüssigem Stickstoff) von Ei- oder Samenzellen oder von Keimzellgewebe sowie auf die dazugehörigen medizinischen Maßnahmen, wenn die Kryokonservierung wegen einer Erkrankung und deren Behandlung mit einer keimzellschädigenden Therapie medizinisch notwendig erscheint, um spätere medizinische Maßnahmen zur Herbeiführung einer Schwangerschaft vornehmen zu können.

Zum 22.02.2021 ist die Richtlinie des Gemeinsamen Bundesausschusses zur Kryokonservierung in Kraft getreten. Sie regelt die Details dieses neuen Leistungsanspruchs der gesetzlichen Krankenversicherung. Die entsprechenden Vergütungsregelungen treten ab Sommer 2021 in Kraft.

Soziotherapie und sozialpädiatrische Leistungen

Versicherte, die wegen schwerer psychischer Erkrankung nicht in der Lage sind, ärztliche oder ärztlich verordnete Leistungen selbständig in Anspruch zu nehmen, haben Anspruch auf Soziotherapie, wenn dadurch Krankenhausbehandlung vermieden oder verkürzt wird oder wenn diese geboten, aber nicht ausführbar ist.

Die Soziotherapie umfasst die im Einzelfall erforderliche Koordinierung der verordneten Leistungen sowie Anleitung und Motivation zu deren Inanspruchnahme.

Soziotherapie kann innerhalb von drei Jahren – je Krankheitsfall – im Umfang von höchstens 120 Stunden in Anspruch genommen werden.

Der Gemeinsame Bundesausschuss bestimmt in Richtlinien das Nähere über Voraussetzungen, Art und Umfang der Versorgung.

Versicherte Kinder haben Anspruch auf nichtärztliche sozialpädiatrische Leistungen, insbesondere auf psychologische, heilpädagogische und psychosoziale Leistungen, wenn sie unter ärztlicher Verantwortung erbracht werden und erforderlich sind, um eine Krankheit zum frühestmöglichen Zeitpunkt zu erkennen und einen Behandlungsplan aufzustellen.

Fahrtkosten

4

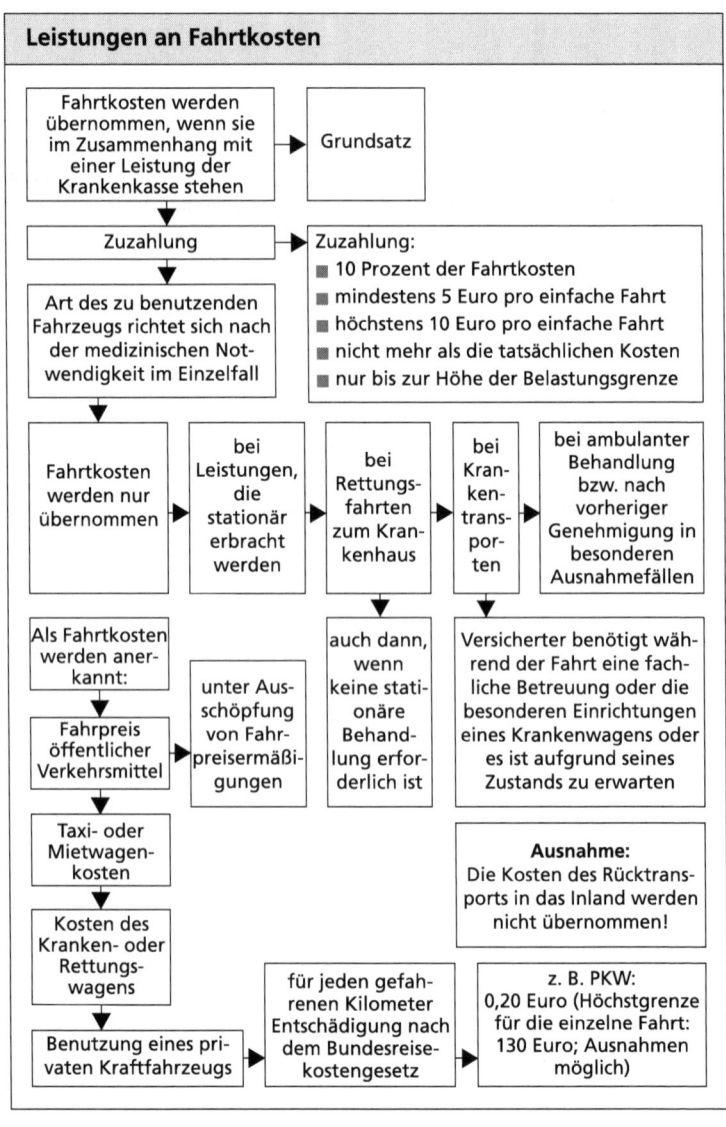

Leistungen an Fahrtkosten

Fahrtkosten werden übernommen, wenn sie im Zusammenhang mit einer Leistung der Krankenkasse stehen → Grundsatz

Zuzahlung → Zuzahlung:
- 10 Prozent der Fahrtkosten
- mindestens 5 Euro pro einfache Fahrt
- höchstens 10 Euro pro einfache Fahrt
- nicht mehr als die tatsächlichen Kosten
- nur bis zur Höhe der Belastungsgrenze

Art des zu benutzenden Fahrzeugs richtet sich nach der medizinischen Notwendigkeit im Einzelfall

Fahrtkosten werden nur übernommen → bei Leistungen, die stationär erbracht werden → bei Rettungsfahrten zum Krankenhaus → bei Krankentransporten → bei ambulanter Behandlung bzw. nach vorheriger Genehmigung in besonderen Ausnahmefällen

Als Fahrtkosten werden anerkannt:

Fahrpreis öffentlicher Verkehrsmittel ← unter Ausschöpfung von Fahrpreisermäßigungen

auch dann, wenn keine stationäre Behandlung erforderlich ist

Versicherter benötigt während der Fahrt eine fachliche Betreuung oder die besonderen Einrichtungen eines Krankenwagens oder es ist aufgrund seines Zustands zu erwarten

Taxi- oder Mietwagenkosten

Ausnahme:
Die Kosten des Rücktransports in das Inland werden nicht übernommen!

Kosten des Kranken- oder Rettungswagens

Benutzung eines privaten Kraftfahrzeugs → für jeden gefahrenen Kilometer Entschädigung nach dem Bundesreisekostengesetz → z. B. PKW: 0,20 Euro (Höchstgrenze für die einzelne Fahrt: 130 Euro; Ausnahmen möglich)

Die Krankenkasse übernimmt die Kosten für Fahrten einschließlich der Transporte (Fahrtkosten), wenn sie im Zusammenhang mit einer Leistung der Krankenkasse aus zwingenden medizinischen Gründen notwendig sind. Welches Fahrzeug benutzt werden kann, richtet sich nach der medizinischen Notwendigkeit im Einzelfall.

Wichtig: Der Arzt hat bei der Verordnung einer Krankenbeförderung das wirtschaftlichste Transportmittel auszuwählen. Zudem darf nur der Transport zur nächst erreichbaren geeigneten Behandlungsmöglichkeit erfolgen. Auf eigene Rechnung und ohne ärztliche Verordnung in Anspruch genommenen Transportmittel sind selbst zu zahlen.

Die Krankenkasse übernimmt unter Berücksichtigung der Zuzahlung die Fahrtkosten

- bei Leistungen, die stationär erbracht werden; dies gilt bei einer Verlegung in ein anderes Krankenhaus nur, wenn die Verlegung aus zwingenden medizinischen Gründen erforderlich ist, oder bei einer mit Einwilligung der Krankenkasse erfolgten Verlegung in ein wohnortnahes Krankenhaus,
- bei Rettungsfahrten zum Krankenhaus auch dann, wenn eine stationäre Behandlung nicht erforderlich ist,
- bei anderen Fahrten von Versicherten, die während der Fahrt einer fachlichen Betreuung oder der besonderen Einrichtungen eines Krankenkraftwagens bedürfen oder bei denen dies aufgrund ihres Zustandes zu erwarten ist (Krankentransport),
- bei Fahrten von Versicherten zu einer ambulanten Krankenbehandlung sowie zu einer vor- oder nachstationären Behandlung im Krankenhaus, wenn dadurch eine an sich gebotene vollstationäre oder teilstationäre Krankenhausbehandlung vermieden oder verkürzt wird oder diese nicht wie bei einer stationären Krankenhausbehandlung ausführbar ist sowie
- zu einer ambulanten Behandlung in Ausnahmefällen, nach vorheriger Genehmigung durch die Krankenkasse.

Die Ausnahmefälle für Fahrten zur ambulanten Behandlung hat der Gemeinsame Bundesausschuss in der Krankentransport-Richtlinie festgelegt. Voraussetzungen für eine Verordnung sind,

- dass die Patientin oder der Patient mit einem durch die Grunderkrankung vorgegebenen Therapieschema behandelt wird, das eine hohe Behandlungsfrequenz über einen längeren Zeitraum aufweist, und
- dass diese Behandlung oder der zu dieser Behandlung führende Krankheitsverlauf die Patientin oder den Patienten in einer Weise beeinträchtigt, dass eine Beförderung zur Vermeidung von Schaden an Leib und Leben unerlässlich ist.

> **Praxis-Tipp:**
>
> *Diese Voraussetzungen sind für Fahrten zur ambulanten Dialyse sowie zur Chemo- oder Strahlentherapie als erfüllt anzusehen. In allen anderen Fällen ist eine ärztliche Verordnung notwendig und bei der Krankenkasse einzureichen, bevor die Fahrten in Anspruch genommen werden.*

Für Krankenfahrten zur ambulanten Behandlung gilt die Genehmigung durch die Krankenkasse als erteilt, wenn eine der folgenden Voraussetzungen vorliegt:

- ein Schwerbehindertenausweis mit dem Merkzeichen „aG", „Bl" oder „H"
- eine Einstufung in den Pflegegrad 3, 4 oder 5, bei Einstufung in den Pflegegrad 3 zusätzlich eine dauerhafte Beeinträchtigung der Mobilität
- eine den beiden vorstehenden Punkten vergleichbare Beeinträchtigung der Mobilität nach Maßgabe der Krankentransport-Richtlinien

Besonderheit

Im Zusammenhang mit Leistungen der medizinischen Rehabilitation werden die erforderlichen Reisekosten nach den Vorschriften des SGB IX übernommen. Hier ist auch keine Zuzahlung für die Versicherten zu leisten. Dies gilt allerdings nicht für alle Rehabilitationsmaßnahmen im Rahmen der Vorsorge, z. B. Mutter-/Vater-Kind-Vorsorgekuren.

Zuzahlung zu den Fahrtkosten

Zuzahlungen, die Versicherte zu leisten haben, betragen 10 Prozent des Abgabepreises, mindestens jedoch 5 Euro und höchstens 10 Euro; allerdings jeweils nicht mehr als die tatsächlichen Fahrtkosten.

Zuzahlung und Belastungsgrenze

Bei den in den vorherigen Abschnitten dargestellten Leistungen ist immer die Höhe der Zuzahlung des Versicherten angegeben worden. Es gibt allerdings für alle Versicherten eine sog. Belastungsgrenze, welche die Gesamthöhe der Zuzahlungen begrenzt.

Versicherte haben während jedes Kalenderjahres nur Zuzahlungen bis zur Belastungsgrenze zu leisten; wird die Belastungsgrenze bereits innerhalb eines Kalenderjahres erreicht, hat die Krankenkasse eine Bescheinigung darüber zu erteilen, dass für den Rest des Kalenderjahres keine Zuzahlungen mehr zu leisten sind.

Die Belastungsgrenze beträgt 2 Prozent der jährlichen Bruttoeinnahmen zum Lebensunterhalt; für chronisch Kranke, die wegen derselben schwerwiegenden Krankheit in Dauerbehandlung sind, beträgt sie 1 Prozent der jährlichen Bruttoeinnahmen zum Lebensunterhalt.

Chronische Erkrankung

Die Feststellung einer schwerwiegenden chronischen Erkrankung regelt der Gemeinsame Bundesausschuss in Richtlinien. Die Feststellung darüber trifft die Krankenkasse. Danach ist eine Krankheit schwerwiegend chronisch, wenn sie wenigstens ein Jahr lang mindestens einmal pro Quartal ärztlich behandelt wurde (Dauerbehandlung) und eines der folgenden Merkmale vorhanden ist:

- Es liegt eine Pflegebedürftigkeit des Pflegegrades 3, 4 oder 5 nach dem zweiten Kapitel SGB XI vor.
- Es liegt ein Grad der Behinderung (GdB) oder ein Grad der Schädigungsfolgen (GdS) von mindestens 60 oder eine Minderung der Erwerbsfähigkeit (MdE) von mindestens 60 Prozent vor, wobei der GdB und der GdS festgestellt und zumindest auch durch die Krankheit begründet sein müssen.

■ Es ist eine kontinuierliche medizinische Versorgung (ärztliche oder psychotherapeutische Behandlung, Arzneimitteltherapie, Behandlungspflege, Versorgung mit Heil- und Hilfsmitteln) erforderlich, ohne die nach ärztlicher Einschätzung eine lebensbedrohliche Verschlimmerung, eine Verminderung der Lebenserwartung oder eine dauerhafte Beeinträchtigung der Lebensqualität durch die aufgrund der Krankheit verursachte Gesundheitsstörung zu erwarten ist.

Versicherte weisen die Dauerbehandlung durch eine ärztliche Bescheinigung nach, in der die dauerbehandelte Krankheit angegeben ist.

Bei einer festgestellten Pflegebedürftigkeit des Pflegegrades 3, 4 oder 5 nach dem Zweiten Kapitel SGB XI wird nach Ablauf eines Jahres seit dem Beginn der Pflegebedürftigkeit in einem dieser Pflegegrade das Vorliegen einer Dauerbehandlung unterstellt.

Zum Beleg für den Grad der Behinderung, den Grad der Schädigungsfolgen, die Minderung der Erwerbsfähigkeit oder den Pflegegrad haben Versicherte die entsprechenden bestandskräftigen amtlichen Bescheide in Kopie vorzulegen. Die Krankheit, wegen der sich die Versicherten in Dauerbehandlung befinden, muss in dem Bescheid zum GdB, GdS oder zur MdE als Begründung aufgeführt sein.

Das Vorliegen der kontinuierlichen Behandlungserfordernis wird durch eine ärztliche Bescheinigung nachgewiesen.

Die Verringerung auf die 1-Prozent-Belastungsgrenze wird mit Beginn des Kalenderjahres wirksam, in dem der Versicherte die einjährige Dauerbehandlung erreicht.

Diese Absenkung der Belastungsgrenze auf 1 Prozent gilt für den gesamten Familienhaushalt, wenn mindestens eine Person wegen derselben schwerwiegenden Erkrankung in Dauerbehandlung ist.

Feststellung der Zuzahlungsgrenze

Grundlagen für die Beurteilung, ob der Versicherte höhere als die in § 62 SGB V vorgesehenen Zuzahlungen im Laufe eines Kalenderjahres getragen hat, sind die

■ zu berücksichtigenden Angehörigen,
■ Bruttoeinnahmen zum Lebensunterhalt sowie
■ im Kalenderjahr geleisteten Zuzahlungen.

Berücksichtigung von Angehörigen

Angehörige im Sinne des § 62 SGB V sind der im gemeinsamen Haushalt mit dem Versicherten lebende Ehegatte bzw. eingetragene Lebenspartner nach dem LPartG und Kinder bis zu dem Kalenderjahr, in dem sie das 18. Lebensjahr vollenden, generell unabhängig davon, ob sie familien-, pflicht-, freiwillig oder nicht gesetzlich versichert sind, und Kinder ab dem Kalenderjahr, in dem sie das 19. Lebensjahr vollenden, sofern sie nach § 10 SGB V familienversichert sind.

Ein gemeinsamer Haushalt setzt voraus, dass mehrere Familienangehörige ihren Wohnsitz zusammen an der gleichen Stelle (Haus, Wohnung) begründet haben und in Wirtschaftsgemeinschaft leben. Einen Wohnsitz hat jemand dort, wo er eine Wohnung unter Umständen innehat, die darauf schließen lassen, dass er die Wohnung beibehalten und benutzen wird. Dies bedeutet, dass ein vorübergehendes Wohnen außerhalb des gemeinsamen Haushalts nicht zu dessen endgültiger Auflösung führt (z. B. mehrmonatiger Krankenhausaufenthalt, Haftstrafe). Ein gemeinsamer Haushalt kann immer dann unterstellt werden, wenn sich Ehegatten oder Kinder zwar vorübergehend nicht in dem gemeinsamen Haushalt aufhalten, dort jedoch noch einen Wohnsitz haben.

Kinder in diesem Sinne sind auch die im Haushalt des Versicherten lebenden Stief-, Enkel- und Pflegekinder, deren Familienversicherung aus der Versicherung eines anderen – nicht im gemeinsamen Haushalt lebenden – Angehörigen des Kindes abgeleitet wird. Diese Kinder sind für die Beurteilung der Befreiung bei der Familie zu berücksichtigen, mit der sie im gemeinsamen Haushalt leben.

Der Ehegatte/Lebenspartner des Versicherten ist immer zu berücksichtigen, wenn er/sie im gemeinsamen Haushalt mit dem Versicherten lebt, unabhängig davon, ob er/sie selbst versichert, familienversichert oder nicht in der gesetzlichen Krankenversicherung versichert ist.

Bruttoeinnahmen zum Lebensunterhalt

Nach § 62 Abs. 2 Satz 1 SGB V sind die Bruttoeinnahmen zum Lebensunterhalt des Ehegatten/Lebenspartners, der sonstigen Angehörigen und der zu berücksichtigenden Kinder, wenn sie in einem gemeinsamen Haushalt mit dem Versicherten leben, den Bruttoeinnahmen zum Lebensunterhalt des Versicherten hinzuzurechnen.

Abweichend hiervon ist bei Versicherten,

- die Hilfe zum Lebensunterhalt nach dem SGB XII (Sozialhilfe) oder im Rahmen der Kriegsopferfürsorge nach dem BVG erhalten oder
- bei denen die Kosten der Unterbringung in einem Heim oder einer ähnlichen Einrichtung von einem Träger der Sozialhilfe oder der Kriegsopferfürsorge getragen werden, sowie für den nicht krankenversicherungspflichtigen Personenkreis

als Bruttoeinnahme zum Lebensunterhalt für die gesamte Bedarfsgemeinschaft nur der Regelsatz des Haushaltsvorstands (2021: 446 Euro) maßgeblich.

Zuzahlungen

Im Rahmen der Befreiung nach § 62 SGB V werden alle gesetzlichen Zuzahlungen wie z. B. zu Arznei-, Verband-, Heil- und Hilfsmitteln oder bei Krankenhausbehandlung etc. berücksichtigt.

Nicht berücksichtigt werden dagegen Kosten, die dadurch entstehen, dass z. B.

- Arzneimittel/Hilfsmittel abgegeben werden, die höhere als die vom Festbetrag abgedeckten Kosten verursachen,
- aufwendigere Leistungen als eigentlich notwendig in Anspruch genommen werden,
- Aufwendungen für Mittel entstehen, deren Verordnung zulasten der Krankenversicherung ausgeschlossen ist,
- Eigenanteile für Hilfsmittel, die auch Gebrauchsgegenstände des täglichen Lebens beinhalten (z. B. orthopädische Schuhe), erhoben werden,
- Leistungen ohne ärztliche Verordnung bezogen werden,
- Abschläge im Rahmen der Kostenerstattung etwa für Verwaltungskosten und fehlende Wirtschaftlichkeitsprüfungen vorgenommen werden.

Ebenfalls nicht zu berücksichtigen sind Eigenanteile zu Zahnersatz und bei Maßnahmen zur künstlichen Befruchtung. Fahrtkosten zur ambulanten Behandlung können anders als bisher nicht mehr auf die Belastungsgrenze angerechnet werden. Eine Berücksichtigung ist auch hier nur für den gesetzlich vorgesehenen Zuzahlungsbetrag möglich.

Ermittlung der Belastungsgrenze

Die Belastungsgrenze beträgt für Versicherte und ihre im gemeinsamen Haushalt lebenden Angehörigen 2 Prozent der jährlichen Bruttoeinnahmen zum Lebensunterhalt. Vor der Ermittlung der Belastungsgrenze wird von den jährlichen Bruttoeinnahmen zum Lebensunterhalt für den ersten im gemeinsamen Haushalt lebenden Angehörigen ein Betrag in Höhe von 15 Prozent der jährlichen Bezugsgröße (2021: 5.922 Euro), für jeden weiteren im gemeinsamen Haushalt lebenden Angehörigen ein Betrag in Höhe von 10 Prozent der jährlichen Bezugsgröße (2021: 3.948 Euro) abgezogen.

Für jedes zu berücksichtigende Kind sind die Bruttoeinnahmen zum Lebensunterhalt um den sich nach § 32 Abs. 6 Satz 1 und 2 EStG ergebenden Kinderfreibetrag zu mindern (2021: 8.388 Euro). Der nach § 62 Abs. 2 Satz 2 SGB V bei der Ermittlung der Belastungsgrenze vorgesehene Abzug in Höhe von 15 Prozent oder 10 Prozent der jährlichen Bezugsgröße entfällt.

Digitale Gesundheitsanwendungen

Ende 2019 wurde die „App auf Rezept" in die Gesundheitsversorgung eingeführt (§§ 33a und 139e SGB V). Seitdem haben Versicherte in der gesetzlichen Krankenversicherung Anspruch auf eine Versorgung mit digitalen Gesundheitsanwendungen (DiGA), die von Ärzten und Psychotherapeuten verordnet werden können und durch die Krankenkasse erstattet werden.

Nach § 33a SGB V sind diese Anwendungen dazu bestimmt, bei den Versicherten oder in der Versorgung durch Leistungserbringer die Erkennung, Überwachung, Behandlung oder Linderung von Krankheiten oder die Erkennung, Behandlung, Linderung oder Kompensierung von Verletzungen oder Behinderungen zu unterstützen.

Der Anspruch umfasst nur solche digitalen Gesundheitsanwendungen, die

- vom Bundesinstitut für Arzneimittel und Medizinprodukte in das Verzeichnis für digitale Gesundheitsanwendungen nach § 139e SGB V aufgenommen wurden und
- entweder nach Verordnung des behandelnden Arztes oder des behandelnden Psychotherapeuten oder mit Genehmigung der Krankenkasse angewendet werden.

Das Bundesinstitut für Arzneimittel und Medizinprodukte führt ein Verzeichnis erstattungsfähiger digitaler Gesundheitsanwendungen. Das Verzeichnis listet aktuell alle derzeit zugelassenen Apps auf, strukturiert nach Anwendungsgebieten und entsprechenden Diagnosen (siehe https://diga.bfarm.de).

> **Praxis-Tipp:**
>
> *Sie benötigen in der Praxis in der Regel eine ärztliche Verordnung für die Anwendung einer solchen DiGA. Reichen Sie diese bei Ihrer Krankenkasse ein; diese sendet Ihnen dann einen Freischaltcode zur Nutzung zu, welcher meistens befristet ist.*

5.

Stationäre Leistungen und medizinische Rehabilitation

5

Krankenhausbehandlung

5

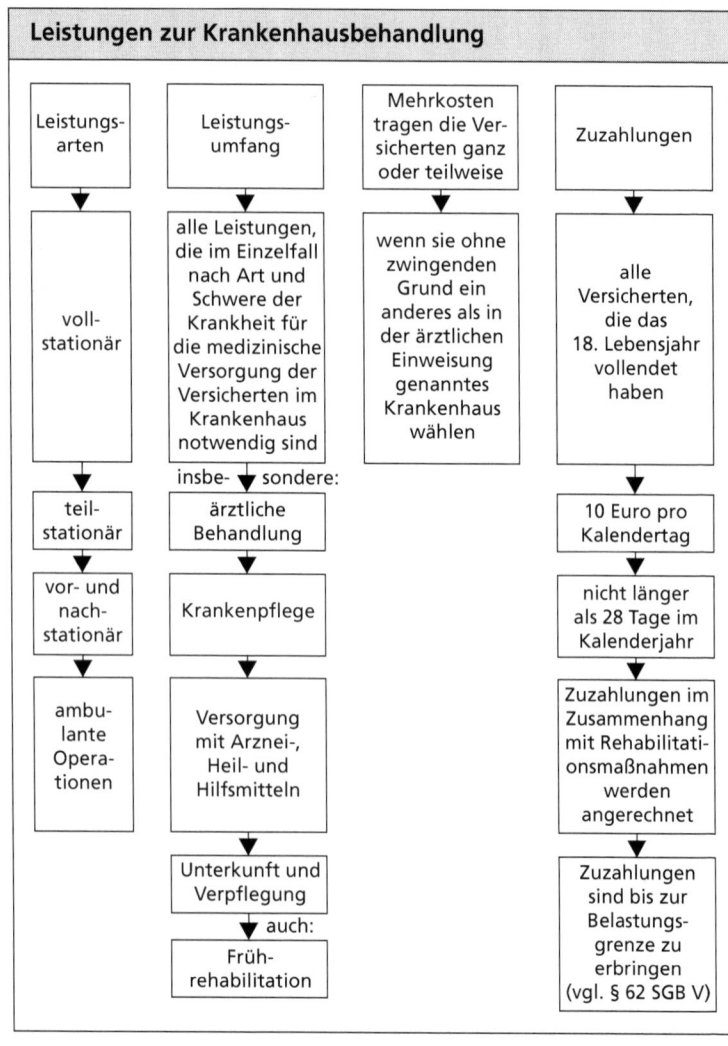

Leistungen zur Krankenhausbehandlung

Leistungs-arten	Leistungs-umfang	Mehrkosten tragen die Versicherten ganz oder teilweise	Zuzahlungen
voll-stationär	alle Leistungen, die im Einzelfall nach Art und Schwere der Krankheit für die medizinische Versorgung der Versicherten im Krankenhaus notwendig sind	wenn sie ohne zwingenden Grund ein anderes als in der ärztlichen Einweisung genanntes Krankenhaus wählen	alle Versicherten, die das 18. Lebensjahr vollendet haben
teil-stationär	insbesondere: ärztliche Behandlung		10 Euro pro Kalendertag
vor- und nach-stationär	Krankenpflege		nicht länger als 28 Tage im Kalenderjahr
ambulante Operationen	Versorgung mit Arznei-, Heil- und Hilfsmitteln		Zuzahlungen im Zusammenhang mit Rehabilitationsmaßnahmen werden angerechnet
	Unterkunft und Verpflegung auch: Früh-rehabilitation		Zuzahlungen sind bis zur Belastungs-grenze zu erbringen (vgl. § 62 SGB V)

Eine stationäre Krankenhausbehandlung ist notwendig, wenn die Weiterbehandlung mit den Mitteln eines Krankenhauses aus medizinischen Gründen erfolgen muss. Sie ist nicht notwendig bei Behandlungen, die nicht der Therapie einer Krankheit im versicherungsrechtlichen Sinne dienen (z. B. Schönheitsoperationen). Auch hier gilt wieder der Grundsatz „ambulant vor stationär": Die ambulante Behandlung hat Vorrang vor der stationären Behandlung, wenn das Behandlungsziel zweckmäßig und ohne Nachteil für den Patienten mit den Mitteln der ambulanten Versorgung einschließlich häuslicher Krankenpflege erreicht werden kann.

Die Verordnung stationärer Krankenhausbehandlung kommt allein aus medizinischen Gründen in Betracht. Die besonderen Belange behinderter und chronisch kranker Menschen sind zu berücksichtigen.

Die Leistungspflicht der Krankenkassen ist auf die Gewährung von Krankenhausbehandlung in zugelassenen Krankenhäusern begrenzt. Zugelassene Krankenhäuser sind Hochschulkliniken, Krankenhäuser, die in den Krankenhausplan eines Landes aufgenommen sind, oder Krankenhäuser, für die ein Versorgungsvertrag besteht.

Die Krankenhausbehandlung wird

- vollstationär,
- teilstationär,
- vor- und nachstationär,
- stationsäquivalent sowie
- ambulant

erbracht.

Sie umfasst im Rahmen des Versorgungsauftrages des Krankenhauses alle Leistungen, die im Einzelfall nach Art und Schwere der Krankheit für die medizinische Versorgung der Patienten im Krankenhaus notwendig sind, insbesondere ärztliche Behandlung, Krankenpflege, Versorgung mit Arznei-, Heil- und Hilfsmitteln, Unterkunft und Verpflegung; die akutstationäre Behandlung umfasst auch die im Einzelfall erforderlichen und bis zum frühestmöglichen Zeitpunkt einzusetzenden Leistungen zur Frührehabilitation.

Vollstationäre Behandlung in einem zugelassenen Krankenhaus setzt voraus, dass die Aufnahme nach Prüfung durch das Krankenhaus erforderlich ist, weil das Behandlungsziel nicht durch teilstationäre, vor- und nachstationäre oder ambulante Behandlung einschließlich häuslicher Krankenpflege erreicht werden kann.

Teilstationäre Behandlung

Eine teilstationäre Behandlung unterscheidet sich im Wesentlichen von einer vollstationären Behandlung durch eine regelmäßige, aber nicht zeitlich durchgehende Anwesenheit des Patienten im Krankenhaus. Im Rahmen der teilstationären Behandlung kann Unterkunft und Verpflegung gewährt werden.

Vor- und nachstationäre Behandlung

Vorstationäre Krankenhausbehandlung ist in medizinisch geeigneten Fällen ohne Unterkunft und Verpflegung zulässig, um die Erforderlichkeit einer vollstationären Krankenhausbehandlung zu klären oder die vollstationäre Krankenhausbehandlung vorzubereiten. Die vorstationäre Behandlung ist im Regelfall auf längstens drei Behandlungstage innerhalb von fünf Tagen vor Beginn der stationären Behandlung begrenzt (§ 115a Abs. 2 Satz 1 SGB V).

Nachstationäre Behandlung ist in medizinisch geeigneten Fällen ohne Unterkunft und Verpflegung zulässig, um im Anschluss an eine vollstationäre Krankenhausbehandlung den Behandlungserfolg zu sichern oder zu festigen. Die nachstationäre Behandlung darf sieben Behandlungstage innerhalb von 14 Tagen nicht überschreiten, bei Organübertragungen nach § 9 des Transplantationsgesetzes drei Monate nach Beendigung der stationären Krankenhausbehandlung (§ 115a Abs. 2 Satz 2 SGB V). Die Frist von 14 Tagen oder drei Monaten kann in medizinisch begründeten Fällen im Einvernehmen mit dem einweisenden Arzt verlängert werden.

Stationsäquivalente Behandlung

Die stationsäquivalente Behandlung umfasst eine psychiatrische Behandlung im häuslichen Umfeld durch mobile, ärztlich geleitete, multiprofessionelle Behandlungsteams. Sie entspricht hinsichtlich der

Inhalte sowie der Flexibilität und Komplexität der Behandlung einer vollstationären Behandlung.

Zur Krankenhausbehandlung gehört auch eine qualifizierte ärztliche Einschätzung des Beatmungsstatus im Laufe der Behandlung und vor der Verlegung oder Entlassung von Beatmungspatienten.

Ambulante Operationen

Die Krankenhäuser sind über einen Katalog, der ambulante Operationen aufführt, angehalten, bestimmte dort genannte Operationen ausschließlich ambulant durchzuführen; dieser Katalog wird jährlich aktualisiert.

In der Regel werden ambulante Operationen auf Veranlassung eines niedergelassenen Vertragsarztes unter Verwendung eines Überweisungsscheins durchgeführt (z. B. die Überweisung des Frauenarztes zur Mit-/Weiterbehandlung an einen Fachkollegen zur Durchführung einer Gebärmutterhalsausschabung – diese wird ambulant mit Vollnarkose durchgeführt).

Der für die Operation verantwortliche Arzt entscheidet über Art und Umfang der ambulanten Operation.

Zugleich muss sich der überweisende Arzt vergewissern und dafür Sorge tragen, dass der Patient nach Entlassung aus der unmittelbaren Betreuung des operierenden Arztes auch im häuslichen Bereich ärztlich und ggf. pflegerisch in qualifizierter Weise versorgt wird.

Entlassmanagement

Das Entlassmanagement ist seit dem 01.10.2017 in einem Rahmenvertrag über ein Entlassmanagement beim Übergang in die Versorgung nach Krankenhausbehandlung geregelt. Seitdem können Verordnungen über Arbeitsunfähigkeit bis zu einer Woche, sowie Heilmittel- und Arzneimittelverordnungen (Verordnungszeitraum sieben Kalendertage und maximal N1-Packung, ggf. kleiner) von zugelassenen Krankenhausärzten ausgestellt werden.

Wichtig: Wesentlich für die Durchführung des Entlassmanagements ist die schriftliche Zustimmung des Versicherten.

Gegenüber der Krankenkasse hat der Versicherte Anspruch auf Unterstützung beim Entlassmanagement. Soweit Hilfen durch die Pflegeversicherung in Betracht kommen, kooperieren Kranken- und Pflegekassen miteinander.

Begleitperson im Krankenhaus

In Einzelfällen ist die Mitaufnahme einer Begleitperson angezeigt (z. B. in Fällen von Demenz). Wenn der Krankenhausarzt eine Mitaufnahme aus medizinischen und therapeutischen Gründen befürwortet, übernimmt die Krankenkasse die Kosten für ihren Aufenthalt (§ 11 Abs. 3 SGB V).

Seit dem 01.01.2019 wurde mit dem Pflegepersonal-Stärkungsgesetz der Leistungsanspruch dahingehend ausgedehnt, dass die Begleitperson auch außerhalb der stationären Einrichtung untergebracht werden kann, falls im Krankenhaus Kapazitäten fehlen oder ein erhöhtes Infektionsrisiko vorliegt.

Besonders praxisrelevant ist die Mitaufnahme eines Elternteils bei stationärer Behandlung von Kindern, wenn diese medizinisch notwendig ist, weil der Behandlungserfolg andernfalls wegen der Trennung von dem Elternteil gefährdet wäre. Dies wird in der Regel bei Kleinkindern und Kindern im Vorschulalter bejaht.

> **Wichtig:** Die Krankenkassen legen in ihren Satzungen fest, bis zu welchem Lebensjahr eine Begleitperson medizinisch notwendig ist; viele Krankenkassen übernehmen die Kosten einer Mitaufnahme bei Kindern bis zum neunten Lebensjahr. Bei Kindern mit Behinderung kann die Notwendigkeit einer Begleitung auch über dieses Alter hinaus vorliegen.

Wird eine medizinisch notwendige Begleitperson im Krankenhaus mit aufgenommen, kann hierdurch ein Verdienstausfall entstehen. Für die Erstattung dieses Verdienstausfalls ist die Krankenkasse zuständig, die auch die Hauptleistung – also die stationäre Behandlung des Erkrankten – übernehmen muss.

> **Praxis-Tipp:**
>
> *Die Krankenkassen haben unterschiedliche Regelungen, in welcher Höhe der Verdienstausfall erstattet wird. Fragen Sie bei Ihrer Krankenkasse nach, wie dies dort gehandhabt wird.*

Zuzahlung

Der Versicherte zahlt ab Beginn der Krankenhausbehandlung 10 Euro pro Kalendertag für längstens 28 Tage innerhalb eines Kalenderjahres an das Krankenhaus.

Für Kinder bis zur Vollendung des 18. Lebensjahres gilt dies nicht. Dabei ist es gleichgültig, ob die Kinder selbst Mitglieder der Krankenkasse oder familienversichert sind. Auch für eine etwaige mitaufgenommene Begleitperson des Kindes ist keine Zuzahlung zu leisten.

5

Stationäre Hospize

Versicherte, die keiner Krankenhausbehandlung bedürfen, haben im Rahmen der Verträge Anspruch auf einen Zuschuss zu stationärer oder teilstationärer Versorgung in Hospizen, in denen palliativ-medizinische Behandlung erbracht wird, wenn eine ambulante Versorgung im Haushalt oder in der Familie des Versicherten nicht erbracht werden kann. Die Krankenkasse trägt die zuschussfähigen Kosten unter Anrechnung der Leistungen nach dem Elften Buch zu 95 Prozent; die restlichen Kosten in Höhe von 5 Prozent trägt das Hospiz. Eigenanteile dürfen vom Versicherten weder gefordert noch angenommen werden.

Der Zuschuss darf kalendertäglich 9 Prozent der monatlichen Bezugsgröße (2021: 280,35 Euro) nicht unterschreiten und unter Anrechnung der Leistungen anderer Sozialleistungsträger die tatsächlichen kalendertäglichen Kosten nicht überschreiten.

Wichtig: Die Krankenkasse trägt die zuschussfähigen Kosten unter Anrechnung der Leistungen der Pflegeversicherung oder anderer Sozialleistungsträger; dabei dürfen die tatsächlichen kalendertäglichen Kosten der Hospizbehandlung nicht überschritten werden.

Im stationären Hospiz werden neben der Unterkunft und Verpflegung palliativpflegerische, palliativmedizinische, therapeutische und psychosoziale Versorgung und Begleitung sowie Sterbe- und Trauerbegleitung ganztägig (vollstationär) oder nur tagsüber bzw. nachts (teilstationär) erbracht.

Hospiz- und Palliativberatung, Versorgungsplanung

Versicherte haben Anspruch auf individuelle Beratung und Hilfestellung durch die Krankenkasse zu den Leistungen der Hospiz- und Palliativversorgung. Der Anspruch umfasst auch die Erstellung einer Übersicht der Ansprechpartner der regional verfügbaren Beratungs- und Versorgungsangebote. Die Krankenkasse leistet bei Bedarf Hilfestellung bei der Kontaktaufnahme und Leistungsinanspruchnahme. Die Beratung soll mit der Pflegeberatung nach dem Recht der Pflegeversicherung und anderen bereits in Anspruch genommenen Beratungsangeboten abgestimmt werden. Auf Verlangen des Versicherten sind Angehörige und andere Vertrauenspersonen an der Beratung zu beteiligen.

Die Krankenkassen müssen ihre Versicherten zudem in allgemeiner Form über die Möglichkeiten persönlicher Vorsorge für die letzte Lebensphase informieren, insbesondere zu Patientenverfügung, Vorsorgevollmacht und Betreuungsverfügung.

Eine gesundheitliche Versorgungsplanung für die letzte Lebensphase dürfen auch zugelassene Pflegeeinrichtungen im Sinne der Pflegeversicherung und Einrichtungen der Eingliederungshilfe für Menschen mit Behinderungen anbieten (§ 132g Abs. 1 Satz 1 SGB V).

Rehabilitationsmaßnahmen

Der Anspruch auf Leistungen der Rehabilitation ist grundsätzlich im SGB IX geregelt. Danach kommen für Versicherte folgende Maßnahmen der Rehabilitation in Betracht:

- Leistungen zur medizinischen Rehabilitation
- Leistungen zur Teilhabe am Arbeitsleben

- unterhaltssichernde und andere ergänzende Leistungen
- Leistungen zur Teilhabe an Bildung
- Leistungen zur sozialen Teilhabe

Für diese Leistungen sind in der Bundesrepublik Deutschland unterschiedliche Träger zuständig. Rehabilitationsträger können sein:

- die gesetzlichen Krankenkassen
- die Bundesagentur für Arbeit
- die Träger der gesetzlichen Unfallversicherung
- die Träger der gesetzlichen Rentenversicherung
- die Träger der Kriegsopferversorgung und die Träger der Kriegsopferfürsorge im Rahmen des Rechts der sozialen Entschädigung bei Gesundheitsschäden
- die Träger der öffentlichen Jugendhilfe
- die Träger der Eingliederungshilfe

Die Rehabilitationsträger nehmen ihre Aufgaben selbstständig und eigenverantwortlich wahr.

Für die Versicherten der gesetzlichen Krankenversicherung gilt grundsätzlich das Nachrangigkeitsprinzip, d. h. die Krankenversicherung ist erst dann für Leistungen der medizinischen Rehabilitation zuständig, wenn vorrangig kein anderer Leistungsträger zuständig ist. Bei Arbeitnehmern ist in der Regel die Rentenversicherung für Leistungen der Rehabilitation vor der Krankenversicherung zuständig, da hier der Grundsatz „Rehabilitation vor Rente" gilt.

Die entsprechenden Leistungen der Krankenversicherung zur medizinischen Rehabilitation finden sich in §§ 40, 41 SGB V. Die Satzung der Krankenkasse kann darüber hinaus Leistungen vorsehen.

> **Wichtig:** Die Leistungen zur Rehabilitation sind keine Ermessens-, sondern Pflichtleistungen.

Reicht bei Versicherten eine ambulante Krankenbehandlung (siehe hierzu ambulante Leistungen bei Krankheit) nicht aus, um die Ziele zu erreichen, erbringt die Krankenkasse aus medizinischen Gründen erforderliche ambulante Rehabilitationsleistungen in Rehabilitationseinrichtungen, für die ein Versorgungsvertrag nach § 111c SGB V besteht;

dies schließt mobile Rehabilitationsleistungen durch wohnortnahe Einrichtungen ein.

Reicht die ambulante Leistung nicht aus, erbringt die Krankenkasse erforderliche stationäre Rehabilitation mit Unterkunft und Verpflegung in einer nach § 37 Abs. 3 SGB IX zertifizierten Rehabilitationseinrichtung, mit der ein Vertrag nach § 111 SGB V besteht.

Es handelt sich also auch hier um ein abgestuftes Leistungsangebot der Krankenversicherung, das dem Grundsatz „ambulant vor stationär" folgt: Zuerst sind Leistungen der ambulanten Krankenbehandlung (z. B. Heilmittelanwendungen) zu prüfen, danach ambulante Rehabilitationsleistungen und erst, wenn diese nicht ausreichend sind, dann kommen stationäre Rehabilitationsleistungen in Betracht.

> **Wichtig:** Von diesem Grundsatz gibt es für pflegende Angehörige eine Ausnahme: Hier erbringt die Krankenkasse stationäre Rehabilitation unabhängig davon, ob die Leistung ambulant ausreicht.

Die genauen Leistungsinhalte und die Leistungsdauer sowie die Regelungen zur Zuzahlung können Sie dem Schaubild auf der nachfolgenden Seite entnehmen.

Rehabilitationsmaßnahmen

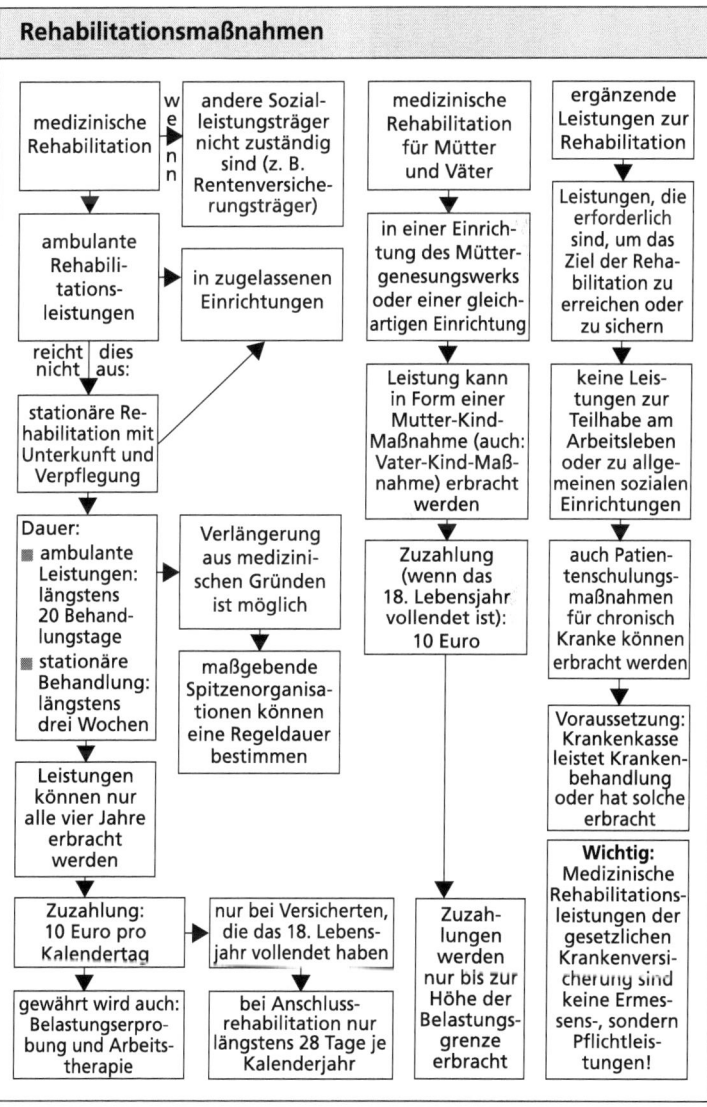

| medizinische Rehabilitation | **w e n n** andere Sozialleistungsträger nicht zuständig sind (z. B. Rentenversicherungsträger) | medizinische Rehabilitation für Mütter und Väter | ergänzende Leistungen zur Rehabilitation |

medizinische Rehabilitation → ambulante Rehabilitationsleistungen

wenn andere Sozialleistungsträger nicht zuständig sind (z. B. Rentenversicherungsträger) → in zugelassenen Einrichtungen

medizinische Rehabilitation für Mütter und Väter → in einer Einrichtung des Müttergenesungswerks oder einer gleichartigen Einrichtung

ergänzende Leistungen zur Rehabilitation → Leistungen, die erforderlich sind, um das Ziel der Rehabilitation zu erreichen oder zu sichern

reicht dies nicht aus: → stationäre Rehabilitation mit Unterkunft und Verpflegung

Leistung kann in Form einer Mutter-Kind-Maßnahme (auch: Vater-Kind-Maßnahme) erbracht werden

keine Leistungen zur Teilhabe am Arbeitsleben oder zu allgemeinen sozialen Einrichtungen

Dauer:
- ambulante Leistungen: längstens 20 Behandlungstage
- stationäre Behandlung: längstens drei Wochen

Verlängerung aus medizinischen Gründen ist möglich

maßgebende Spitzenorganisationen können eine Regeldauer bestimmen

Zuzahlung (wenn das 18. Lebensjahr vollendet ist): 10 Euro

auch Patientenschulungsmaßnahmen für chronisch Kranke können erbracht werden

Voraussetzung: Krankenkasse leistet Krankenbehandlung oder hat solche erbracht

Leistungen können nur alle vier Jahre erbracht werden

Zuzahlung: 10 Euro pro Kalendertag → nur bei Versicherten, die das 18. Lebensjahr vollendet haben

Zuzahlungen werden nur bis zur Höhe der Belastungsgrenze erbracht

Wichtig: Medizinische Rehabilitationsleistungen der gesetzlichen Krankenversicherung sind keine Ermessens-, sondern Pflichtleistungen!

gewährt wird auch: Belastungserprobung und Arbeitstherapie

bei Anschlussrehabilitation nur längstens 28 Tage je Kalenderjahr

5

6.

Leistungen bei Arbeitsunfähigkeit

6

Definition Arbeitsunfähigkeit

Arbeitsunfähigkeit liegt vor, wenn Versicherte aufgrund von Krankheit ihre zuletzt vor der Arbeitsunfähigkeit ausgeübte Tätigkeit nicht mehr oder nur unter der Gefahr der Verschlimmerung der Erkrankung ausführen können. Die genaue Definition erfolgt in den Arbeitsunfähigkeits-Richtlinien des Gemeinsamen Bundesausschusses.

Arbeitsunfähigkeit liegt auch vor, wenn aufgrund eines bestimmten Krankheitszustandes, der für sich allein noch keine Arbeitsunfähigkeit bedingt, absehbar ist, dass aus der Ausübung der Tätigkeit für die Gesundheit oder die Gesundung abträgliche Folgen erwachsen, die eine Arbeitsunfähigkeit unmittelbar hervorrufen.

Die Beurteilung der Arbeitsunfähigkeit setzt die Befragung des Versicherten durch den Vertragsarzt zur aktuell ausgeübten Tätigkeit und den damit verbundenen Anforderungen und Belastungen voraus. Das Ergebnis der Befragung ist bei der Beurteilung von Grund und Dauer der Arbeitsunfähigkeit zu berücksichtigen. Zwischen der Krankheit und der dadurch bedingten Unfähigkeit zur Fortsetzung der ausgeübten Tätigkeit muss ein kausaler Zusammenhang erkennbar sein.

Auch Arbeitslose können aufgrund von Krankheit arbeitsunfähig werden bzw. können in dieser Zeit ihre Arbeitskraft nicht zur Verfügung stellen. Bei Arbeitslosen bezieht sich die Befragung dann auch auf den zeitlichen Umfang, für den der Versicherte sich der Agentur für Arbeit zur Vermittlung zur Verfügung gestellt hat.

Bei der Feststellung der Arbeitsunfähigkeit sind körperlicher, geistiger und seelischer Gesundheitszustand des Versicherten gleichermaßen zu berücksichtigen. Deshalb darf die Feststellung von Arbeitsunfähigkeit nur aufgrund einer unmittelbar persönlichen ärztlichen Untersuchung erfolgen.

Ausnahme: Während der Corona-Pandemie ist es eingeschränkt möglich, dass eine Feststellung der Arbeitsunfähigkeit via Telefon vorgenommen wird: Wer an leichten Atemwegserkrankungen leidet, dem kann telefonisch für bis zu sieben Tage eine Arbeitsunfähigkeitsbescheinigung sowie gegebenenfalls eine Folgebescheinigung für weitere sieben Kalendertage ausgestellt werden. Diese Regelung gilt bis zum 30.06.2021 – aufgrund des Pandemiegeschehens ist nicht ausgeschlossen, dass sie verlängert wird.

Die ärztlich festgestellte Arbeitsunfähigkeit ist Voraussetzung für den Anspruch auf Entgeltfortzahlung und für den Anspruch auf Krankengeld.

In der Regel besteht bei Arbeitsunfähigkeit eines Arbeitnehmers zunächst Anspruch auf Entgeltfortzahlung im Krankheitsfall. Die Arbeitsunfähigkeitsbescheinigung muss deshalb dem Arbeitgeber vorgelegt werden. Dafür ist der Arbeitnehmer verantwortlich.

> **Wichtig:** Eingeführt werden soll künftig eine elektronische AU-Bescheinigung. Die Übermittlung der Ausfertigung für die Krankenkassen soll also durch ein elektronisches Verfahren erfolgen. Start sollte am 01.01.2021 sein. Da die Software in den Arztpraxen zum Jahreswechsel noch nicht vollständig umgestellt war, hat der Gemeinsame Bundesausschuss den Start auf den 01.10.2021 verschoben. Der Versicherte erhält dennoch auch zukünftig für seine Unterlagen einen Durchschlag der AU-Bescheinigung. Das Verfahren zur Übermittlung der Arbeitsunfähigkeitsbescheinigung von der Arztpraxis an den Arbeitgeber soll zum 01.01.2022 eingeführt werden.

Dauert die Arbeitsunfähigkeit länger als in der Erstbescheinigung angegeben, ist nach Prüfung der aktuellen Verhältnisse eine Folgebescheinigung auszustellen. Dabei ist die „Nahtlosigkeit" zu beachten: Am Tag nach dem Auslaufen der AU-Bescheinigung muss eine Folgebescheinigung ausgestellt werden; Samstag und Sonntag zählen dabei nicht mit – bei Auslaufen der AU-Bescheinigung am Freitag muss am darauffolgenden Montag eine Folgebescheinigung ausgestellt werden.

Die Arbeitsunfähigkeits-Richtlinien schreiben zudem vor, dass eine AU-Bescheinigung für eine vor der ersten ärztlichen Inanspruchnahme liegenden Zeit nur ausnahmsweise und nach sorgfältiger Prüfung ausgestellt werden soll; ist dies der Fall, sollen drei Tage nicht überschritten werden.

Stufenweise Wiedereingliederung

Versicherte haben Anspruch auf individuelle Beratung und Hilfestellung durch die Krankenkasse darüber, welche Leistungen und unterstützenden Angebote zur Wiederherstellung der Arbeitsfähigkeit erforderlich sind.

Voraussetzung für die stufenweise Wiedereingliederung ist die Erklärung der Freiwilligkeit durch Unterschrift des Versicherten auf dem hierfür vorgesehenen Vordruck. Auf diesem hat der Arzt die tägliche Arbeitszeit und diejenigen Tätigkeiten anzugeben, die der Versicherte während der Phase der Wiedereingliederung ausüben kann bzw. denen er nicht ausgesetzt werden darf. Lehnt der Arbeitgeber die Wiedereingliederung ab, soll er eine ablehnende Stellungnahme ebenfalls auf dem Vordruck bescheinigen.

Bei der Feststellung, ob eine stufenweise Wiedereingliederung empfohlen werden kann, sind körperlicher, geistiger und seelischer Gesundheitszustand des Versicherten gleichermaßen zu berücksichtigen. Deshalb darf diese Feststellung nur aufgrund ärztlicher Untersuchung erfolgen. Spätestens ab einer Dauer der Arbeitsunfähigkeit von sechs Wochen ist der Arzt verpflichtet, diese Feststellung im Zusammenhang mit jeder Bescheinigung der Arbeitsunfähigkeit zu treffen.

Ausnahme: Von einer Feststellung ist abzusehen, sofern durch die Teilnahme an einer Maßnahme der stufenweisen Wiedereingliederung für den Genesungsprozess des Versicherten nachteilige gesundheitliche Folgen erwachsen können. Gleiches gilt, sofern Versicherte eine stufenweise Wiederaufnahme ihrer Tätigkeit ablehnen.

> *Praxis-Tipp:*
>
> *Wenn Sie im laufenden Krankengeldbezug sind, nehmen Sie unbedingt Kontakt mit Ihrem Arbeitgeber und der Krankenkasse auf, um zu klären, ob ggf. der Arbeitgeber während der stufenweisen Wiedereingliederung das Entgelt evtl. teilweise weiterzahlt. Er ist dazu gesetzlich nicht verpflichtet, sollte er dies aber auf freiwilliger Basis übernehmen, kann dies zum Ruhen von Krankengeld führen.*

Krankengeld

Krankengeld ist eine Leistung der gesetzlichen Krankenversicherung im Krankheitsfall. Die Leistung hat Lohnersatzfunktion. Dem Krankengeld geht eine (in der Regel) sechswöchige Entgeltzahlung durch den Arbeitgeber (Entgeltfortzahlung im Krankheitsfall nach § 3 EFZG) voraus. Der Anspruch auf Entgeltfortzahlung entsteht jedoch erst nach vierwöchiger, ununterbrochener Dauer des Arbeitsverhältnisses, sodass im Falle der Krankheit unmittelbar nach Arbeitsaufnahme sofort der Anspruch auf Krankengeld greift.

Auf die Gewährung von Krankengeld besteht ein Rechtsanspruch, d. h. bei Vorliegen der Voraussetzungen muss Krankengeld von der Krankenkasse geleistet werden.

Krankengeld wird bei folgenden Tatbeständen gewährt:

- bei Erkrankung des Versicherten selbst
- bei Spende von Organen oder Geweben und daraus folgender Arbeitsunfähigkeit
- bei Erkrankung des Kindes

Entstehen des Krankengeldanspruchs

Gemäß § 46 SGB V entsteht der Anspruch auf Krankengeld

- bei Krankenhausbehandlung oder Behandlung in einer Vorsorge- oder Rehabilitationseinrichtung von ihrem Beginn an,
- im Übrigen von dem Tag der ärztlichen Feststellung der Arbeitsunfähigkeit an.

Der Anspruch auf Krankengeld bleibt jeweils bis zu dem Tag bestehen, an dem die weitere Arbeitsunfähigkeit wegen derselben Krankheit ärztlich festgestellt wird, wenn diese ärztliche Feststellung spätestens am nächsten Werktag nach dem zuletzt bescheinigten Ende der Arbeitsunfähigkeit erfolgt; Samstage gelten dabei nicht als Werktage.

Wichtig: Für Versicherte, deren Mitgliedschaft in der gesetzlichen Krankenversicherung alleine aufgrund des Bezugs von Krankengeld besteht und vom Bestand des Anspruchs auf Krankengeld abhängig ist, bleibt der Anspruch auf Krankengeld auch dann bestehen, wenn die weitere Arbeitsunfähigkeit wegen derselben Krankheit nicht am nächsten Werktag, aber spätestens innerhalb eines Monats nach dem zuletzt bescheinigten Ende der Arbeitsunfähigkeit ärztlich festgestellt wird.

Dauer des Anspruchs auf Krankengeld

Versicherte erhalten Krankengeld für den Fall der Arbeitsunfähigkeit wegen derselben Krankheit längstens 78 Wochen innerhalb von je drei Jahren, gerechnet vom Tage des Beginns der Arbeitsunfähigkeit an. Tritt während der Arbeitsunfähigkeit eine weitere Krankheit hinzu, wird die Leistungsdauer nicht verlängert.

Für Versicherte, die im letzten Dreijahreszeitraum wegen derselben Krankheit für 78 Wochen Krankengeld bezogen haben, besteht nach Beginn eines neuen Dreijahreszeitraums ein neuer Anspruch auf Krankengeld wegen derselben Krankheit, wenn sie bei Eintritt der erneuten Arbeitsunfähigkeit mit Anspruch auf Krankengeld versichert sind und in der Zwischenzeit mindestens sechs Monate

- nicht wegen dieser Krankheit arbeitsunfähig waren und
- erwerbstätig waren oder der Arbeitsvermittlung zur Verfügung standen.

Bei der Feststellung der Leistungsdauer des Krankengeldes werden Zeiten, in denen der Anspruch auf Krankengeld ruht oder für die das Krankengeld versagt wird, wie Zeiten des Bezugs von Krankengeld berücksichtigt. Zeiten, für die kein Anspruch auf Krankengeld besteht, bleiben unberücksichtigt.

> **Wichtig:** Der Anspruch auf Krankengeld ruht insbesondere, soweit und solange Versicherte laufendes Arbeitsentgelt erhalten und die Arbeitsunfähigkeit der Krankenkasse nicht gemeldet wird. Dies gilt allerdings nicht, wenn die Meldung innerhalb einer Woche nach Beginn der Arbeitsunfähigkeit erfolgt.

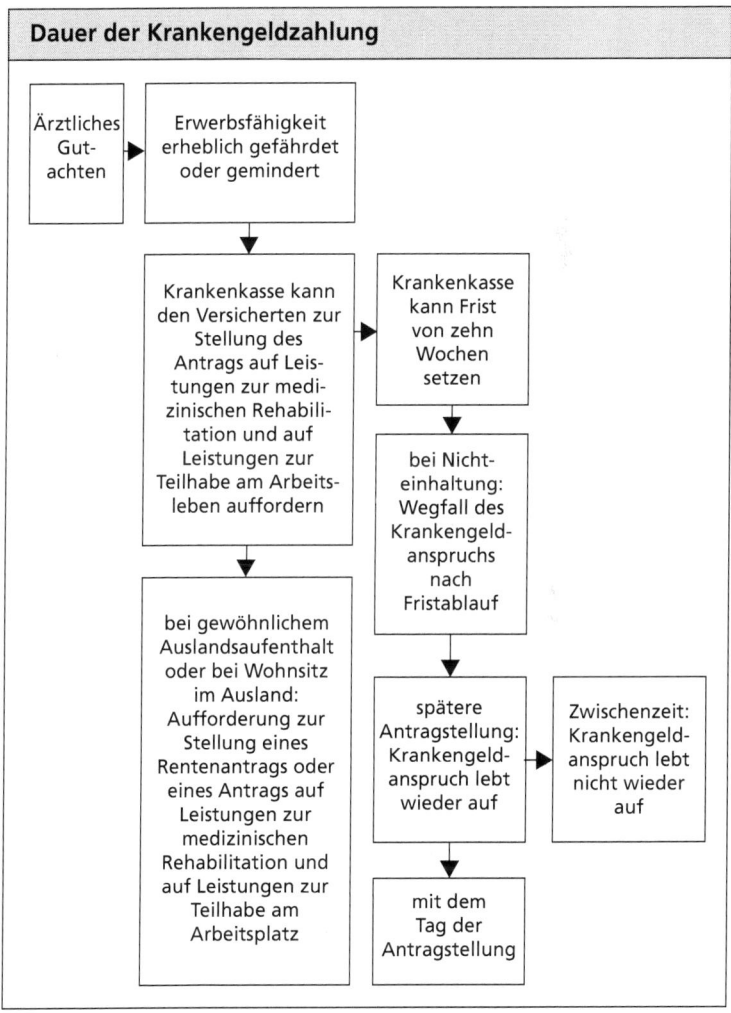

Dauer der Krankengeldzahlung

Ärztliches Gutachten → Erwerbsfähigkeit erheblich gefährdet oder gemindert

Krankenkasse kann den Versicherten zur Stellung des Antrags auf Leistungen zur medizinischen Rehabilitation und auf Leistungen zur Teilhabe am Arbeitsleben auffordern

Krankenkasse kann Frist von zehn Wochen setzen

bei gewöhnlichem Auslandsaufenthalt oder bei Wohnsitz im Ausland: Aufforderung zur Stellung eines Rentenantrags oder eines Antrags auf Leistungen zur medizinischen Rehabilitation und auf Leistungen zur Teilhabe am Arbeitsplatz

bei Nichteinhaltung: Wegfall des Krankengeldanspruchs nach Fristablauf

spätere Antragstellung: Krankengeldanspruch lebt wieder auf

Zwischenzeit: Krankengeldanspruch lebt nicht wieder auf

mit dem Tag der Antragstellung

Für Versicherte, die

■ Rente wegen voller Erwerbsminderung oder Vollrente wegen Alters aus der gesetzlichen Rentenversicherung oder

- Ruhegehalt, das nach beamtenrechtlichen Vorschriften oder Grundsätzen gezahlt wird,

beziehen, endet ein Anspruch auf Krankengeld vom Beginn dieser Leistungen an; nach Beginn dieser Leistungen entsteht ein neuer Krankengeldanspruch nicht. Ist über den Beginn der genannten Leistungen hinaus Krankengeld gezahlt worden und übersteigt dieses den Betrag der Leistungen, kann die Krankenkasse den überschießenden Betrag vom Versicherten nicht zurückfordern.

> **Wichtig:** Die Krankenkasse hat nicht das Recht, den Versicherten aufzufordern, einen Antrag auf Erwerbsminderungsrente zu stellen. Allerdings kann sie ihn auf der Grundlage eines ärztlichen Gutachtens (in der Regel Medizinischer Dienst) auffordern, einen Antrag auf Leistungen zur Teilhabe mit einer Frist von zehn Wochen zu stellen, wenn die Erwerbsfähigkeit erheblich gefährdet oder gemindert ist. Kommt der Versicherte dieser Aufforderung nicht nach, entfällt der Anspruch auf Krankengeld mit Ablauf der Zehnwochenfrist. Wird der Antrag später gestellt, lebt der Anspruch auf Krankengeld mit der Antragstellung wieder auf.

Rente und Krankengeld

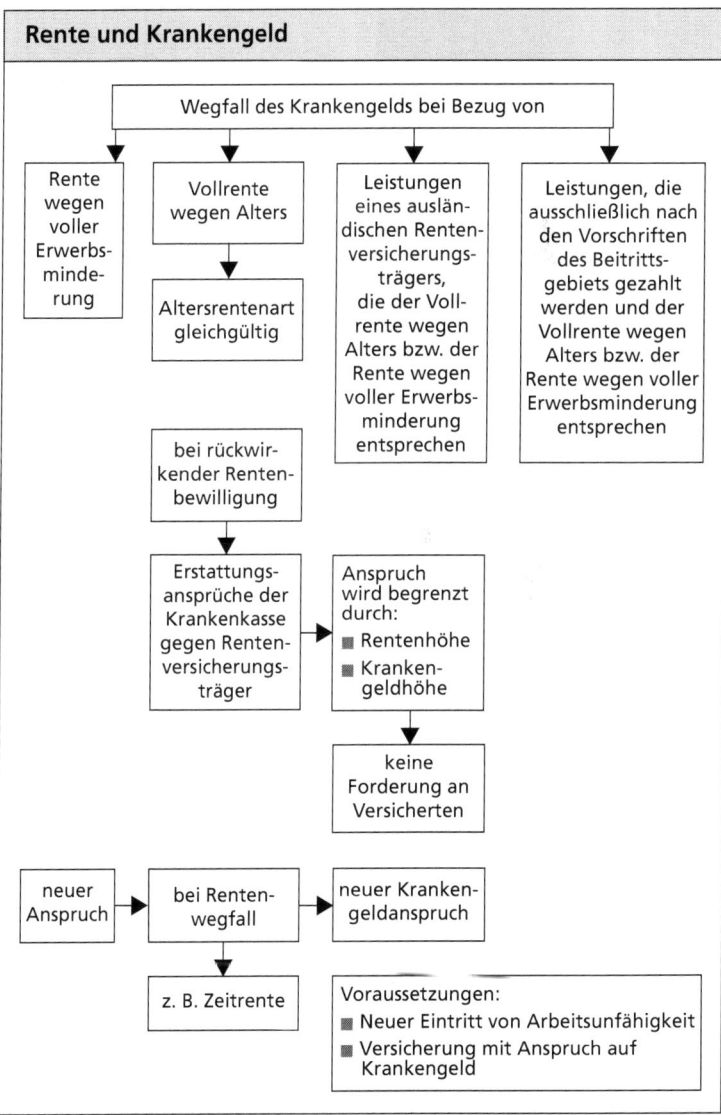

Wegfall des Krankengelds bei Bezug von

- Rente wegen voller Erwerbsminderung
- Vollrente wegen Alters
  - Altersrentenart gleichgültig
- Leistungen eines ausländischen Rentenversicherungsträgers, die der Vollrente wegen Alters bzw. der Rente wegen voller Erwerbsminderung entsprechen
- Leistungen, die ausschließlich nach den Vorschriften des Beitrittsgebiets gezahlt werden und der Vollrente wegen Alters bzw. der Rente wegen voller Erwerbsminderung entsprechen

bei rückwirkender Rentenbewilligung

Erstattungsansprüche der Krankenkasse gegen Rentenversicherungsträger → Anspruch wird begrenzt durch:
- Rentenhöhe
- Krankengeldhöhe

keine Forderung an Versicherten

neuer Anspruch → bei Rentenwegfall → neuer Krankengeldanspruch

z. B. Zeitrente

Voraussetzungen:
- Neuer Eintritt von Arbeitsunfähigkeit
- Versicherung mit Anspruch auf Krankengeld

6

Höhe und Berechnung des Krankengeldes

Die Höhe des kalendertäglichen Krankengeldes richtet sich nach Ihrem regelmäßigen Einkommen. Davon zahlt die Krankenkasse 70 Prozent vom Bruttogehalt, aber nicht mehr als 90 Prozent des Nettoentgelts. Zudem ist das Krankengeld begrenzt durch die sog. Beitragsbemessungsgrenze (2021: 4837,50 Euro monatlich). Maximal gibt es also 2021 3.386,25 Euro pro Monat (= 70 Prozent der Beitragsbemessungsgrenze); das sind 2021 112,88 Euro pro Tag.

Sonderzahlungen wie Urlaubs- und Weihnachtsgeld werden in die Berechnung einbezogen. Für Sozialversicherungsbeiträge gilt Folgendes: Während des Krankengeldbezugs ist der Versicherte in der gesetzlichen Krankenversicherung beitragsfrei versichert. Den Arbeitnehmeranteil zu Renten-, Arbeitslosen- und Pflegeversicherung muss er weiter entrichten, für den Arbeitgeberanteil kommt die Krankenversicherung auf. Bei der Berechnung ist dieser Arbeitnehmeranteil zu berücksichtigen.

Das Krankengeld wird für Kalendertage gezahlt. Ist es für einen ganzen Kalendermonat zu zahlen, ist dieser mit dreißig Tagen anzusetzen.

> **Praxis-Tipp:**
>
> *Achten Sie darauf, dass die Ihnen zustehenden Steuerfreibeträge in Ihrer Lohn- oder Gehaltsabrechnung berücksichtigt werden. Das erhöht Ihr Nettoeinkommen. Davon profitieren Sie beim Bezug von Krankengeld.*
>
> *Das Krankengeld ist nach § 3 Nr. 1 Buchstabe a EStG steuerfrei. Sie erhalten automatisch nach Ablauf des Kalenderjahres am Jahresanfang von Ihrer Krankenkasse eine Bescheinigung für das Finanzamt über die erhaltenen Krankengeldzahlungen zur Vorlage bei der Steuerabrechnung.*

Krankengeld bei Erkrankung eines Kindes

Eltern haben mit der Erziehung ihrer Kinder eine gesellschaftliche Aufgabe zu erfüllen. Zur Bewältigung der wirtschaftlichen Folgen, die durch die Beaufsichtigung, Betreuung oder Pflege eines erkrankten Kindes entstehen können, hat der Gesetzgeber daher mit dem sog. Kinderkrankengeld eine Entgeltersatzleistung eingeführt, die den – in der Regel kurzfristigen – wirtschaftlichen Ausfall kompensieren soll.

So haben Versicherte nach § 45 Abs. 1 SGB V Anspruch auf Krankengeld bei Erkrankung des Kindes, wenn sie nicht selbst arbeitsunfähig erkrankt sind, jedoch wegen Erkrankung des versicherten Kindes an ihrer Arbeitsleistung gehindert sind.

Der Anspruch ist daran geknüpft, dass das Kind das zwölfte Lebensjahr noch nicht vollendet hat, es sein denn, das Kind ist behindert und auf Hilfe angewiesen. In diesem Fall besteht der Anspruch über das vollendete zwölfte Lebensjahr hinaus.

> **Wichtig:** Vollendet das Kind während des Krankengeldbezugs das zwölfte Lebensjahr, entfällt der Anspruch sofort.

Grundsätzlich haben nach § 45 Abs. 1 SGB V alle Versicherten Anspruch auf Krankengeld bei Erkrankung des Kindes. Durch den Verweis auf § 44 Abs. 2 SGB V wird jedoch klargestellt, dass der Krankengeldanspruch nur für die Versicherten besteht, die bei Arbeitsunfähigkeit infolge Krankheit selbst Anspruch auf Krankengeld nach § 44 SGB V haben.

Ausgenommen von diesem Anspruch sind Personen, die bei Eintritt des Versicherungsfalls keinen Einkommensverlust haben und die Entgeltersatzfunktion des Kinderkrankengeldes nicht greift.

Das zu beaufsichtigende, zu betreuende und zu pflegende Kind muss gesetzlich versichert sein. Anspruch auf Krankengeld bei Erkrankung des Kindes besteht nicht nur dann, wenn das Kind im Rahmen der Familienversicherung versichert ist, sondern auch, wenn es selbst Mitglied der gesetzlichen Krankenversicherung ist, z. B. aufgrund

- der Beantragung einer Waisenrente,
- des Bezuges einer Waisenrente oder
- einer freiwilligen Versicherung.

Versicherte, deren Kinder nicht gesetzlich krankenversichert sind, haben für krankheitsbedingt notwendige Betreuungszeiten dieser Kinder keinen Anspruch auf Krankengeld bei Erkrankung des Kindes nach § 45 SGB V (BSG vom 31.03.1998 - B 1 KR 9/96 R). Zu den Kindern im Sinne des § 45 SGB V zählen:

- ▪ leibliche Kinder
- ▪ Adoptivkinder
- ▪ Pflegekinder (§ 56 Abs. 2 Nr. 2 SGB I)
- ▪ Stief- und Enkelkinder, wenn sie von dem anspruchsberechtigten Versicherten nach § 10 Abs. 4 Satz 1 SGB V überwiegend unterhalten werden oder in seinen Haushalt aufgenommen wurden (Stiefkinder sind auch die Kinder des Lebenspartners [eines Mitglieds])
- ▪ Kinder, die mit dem Ziel der Annahme als Kind in die Obhut des Annehmenden aufgenommen sind und für die die zur Annahme erforderliche Einwilligung der Eltern erteilt ist; diese Kinder gelten als Kinder des Annehmenden und nicht mehr als Kinder der leiblichen Eltern

6   Der Anspruch auf Krankengeld nach § 45 SGB V hängt davon ab, dass der Versicherte der Arbeit deshalb fernbleibt, weil er sein erkranktes Kind beaufsichtigen, betreuen oder pflegen muss und eine andere im Haushalt lebende Person dies nicht erledigen kann.

Anspruch auf Kinderkrankengeld kommt hiernach sowohl in den Fällen in Betracht, in denen das erkrankte Kind zu Hause der Beaufsichtigung oder Pflege bedarf, als auch dann, wenn es vom Versicherten zur ärztlichen Behandlung begleitet und währenddessen betreut werden muss (z. B. in Fällen einer ambulanten Operation oder vor- und nachstationärer Behandlung). Über die Erforderlichkeit entscheidet der behandelnde Arzt.

Bei einer aus medizinischen Gründen notwendigen Mitaufnahme eines Versicherten als Begleitperson während einer stationären (sowohl voll- als auch teilstationären) Behandlung des Kindes ist der Ausgleich des Verdienstausfalls allerdings aus § 11 Abs. 3 SGB V abzuleiten. Leistungspflichtig ist die Krankenkasse, die die Kosten der Hauptleistung „stationäre Behandlung" trägt (siehe dazu auch Seite 124).

Dauer des Anspruchs auf Kinderkrankengeld

Hinweis: Die folgenden Ausführungen beziehen sich auf den „Normalfall" außerhalb der Corona-Pandemie.

Anspruch auf Krankengeld besteht in jedem Kalenderjahr für jedes Kind längstens für zehn Arbeitstage, für alleinerziehende Versicherte längstens für 20 Arbeitstage. Der Anspruch besteht für Versicherte für nicht mehr als 25 Arbeitstage, für alleinerziehende Versicherte für nicht mehr als 50 Arbeitstage, je Kalenderjahr.

Bei mehreren Kindern erhöht sich die Anspruchsdauer auf das Kinderkrankengeld entsprechend. In der Summe können jedoch höchstens 25 Arbeitstage, für alleinerziehende Versicherte längstens 50 Arbeitstage, pro Kalenderjahr in Anspruch genommen werden. Bei gleichzeitiger Erkrankung mehrerer Kinder wird der jeweilige Anspruchstag, an dem mehrere Kinder gleichzeitig erkrankt sind, nur auf die Höchstanspruchsdauer eines Kindes angerechnet.

Sind beide Elternteile berufstätig und kommt sonst niemand als für die Pflege geeignete Person in Betracht, können grundsätzlich die Eltern entscheiden, wer von ihnen die Beaufsichtigung, Betreuung und Pflege des erkrankten Kindes übernimmt (vgl. BAG vom 20.06.1979 - 5 AZR 361/78). Infolgedessen wünschen Versicherte gelegentlich, ihren Anspruch auf Kinderkrankengeld auf den jeweils anderen Elternteil des Kindes zu übertragen. Dadurch kommt es zu keiner Leistungsausweitung, jedoch ist der Leistungsanspruch für beide Elternteile insgesamt auf einen Versicherten konzentriert. Viele Kassen akzeptieren das – dies ist aber vor Inanspruchnahme abzuklären!

Ausnahme: Schwerstkranke Kinder

Eltern von schwerstkranken Kindern mit einer Lebenserwartung von Wochen oder wenigen Monaten haben Anspruch auf Kinderkrankengeld ohne zeitliche Befristung. Der Anspruch ist daran geknüpft, dass das Kind das zwölfte Lebensjahr noch nicht vollendet hat oder über dieses Alter hinaus behindert und auf Hilfe angewiesen ist. Für die Dauer dieses Anspruchs auf Krankengeld wird ein Anspruch auf unbezahlte Freistellung von der Arbeitsleistung begründet.

Das Krankengeld für schwerstkranke Kinder wird gezahlt, wenn das Kind an einer Erkrankung leidet,

- die progredient (fortschreitend) verläuft und bereits ein weit fortgeschrittenes Stadium erreicht hat,
- bei der eine Heilung ausgeschlossen und eine palliativmedizinische Behandlung notwendig oder von einem Elternteil erwünscht ist und

■ die lediglich eine begrenzte Lebenserwartung von Wochen oder wenigen Monaten erwarten lässt.

Der Anspruch besteht nur für einen Elternteil. Elternteile in diesem Sinne sind die im gemeinsamen Haushalt lebenden Eltern der Kinder (leibliche Eltern, Adoptiveltern sowie Stiefeltern, Pflegeeltern oder Großeltern).

Im Übrigen gelten die sonstigen Ausführungen zum Kinderkrankengeld entsprechend.

Ausnahme: Befristete Erweiterung des Anspruchs aufgrund der Corona-Pandemie

Aus § 45 Abs. 2a SGB V ergibt sich, dass der Anspruch auf Kinderkrankengeld abweichend von § 45 Abs. 2 SGB V für das Kalenderjahr 2021 für jedes Kind längstens für 30 Arbeitstage und für alleinerziehende Versicherte längstens für 60 Arbeitstage besteht. Der Anspruch besteht für nicht mehr als 45 Arbeitstage, für alleinerziehende Versicherte für nicht mehr als 90 Tage. Bei mehreren Kindern ist der Anspruch für Versicherte begrenzt auf höchstens 65 Arbeitstage, für alleinerziehende Versicherte auf höchstens 130 Arbeitstage.

Anspruch auf das erweiterte pandemiebedingte Kinderkrankengeld besteht nicht nur dann, wenn das eigene Kind krank ist, sondern auch, wenn die Kinderbetreuung zu Hause erforderlich ist. Das gilt unter anderem dann, wenn die Schule, die Kita oder auch die Einrichtung für Menschen mit Behinderungen pandemiebedingt geschlossen ist, die Präsenzbetreuung untersagt ist oder einzelne Klassen oder Kitagruppen in Quarantäne sind.

Anspruchsberechtigt sind gesetzlich versicherte berufstätige Eltern, die selbst Anspruch auf Krankengeld haben und deren Kind unter zwölf Jahre alt ist. Bei Kindern, die eine Behinderung haben, besteht der Anspruch auch über das zwölfte Lebensjahr hinaus. Voraussetzung ist auch, dass es im Haushalt keine andere Person gibt, die das Kind betreuen kann.

Die 30 oder auch 60 Tage können sowohl für die Betreuung eines kranken Kindes verwendet werden als auch für die Betreuung, weil die

Schule oder Kita geschlossen, die Präsenzpflicht aufgehoben oder der Zugang eingeschränkt ist.

Ist das Kind krank, muss der Betreuungsbedarf gegenüber der Krankenkasse mit einer Bescheinigung vom Arzt nachgewiesen werden. Muss ein Kind aufgrund einer Schul- oder Kitaschließung zu Hause betreut werden, muss dies von den Eltern nachgewiesen werden. Die Krankenkasse kann die Vorlage einer Bescheinigung der Einrichtung oder der Schule verlangen.

Auch wenn nur die Präsenzpflicht in der Schule aufgehoben wurde, der Zugang zur Kita eingeschränkt wurde oder nur die Klasse oder Gruppe nicht in die Schule oder Kita gehen kann, haben Eltern Anspruch. Ein Anspruch besteht unabhängig davon, ob die Arbeitsleistung nicht auch grundsätzlich im Homeoffice erbracht werden kann.

Eltern beantragen das Kinderkrankengeld bei ihren Krankenkassen und weisen auf geeignete Weise nach, dass die Einrichtung geschlossen ist oder nicht besucht wird. Die Krankenkasse kann die Vorlage einer Bescheinigung der Einrichtung oder der Schule verlangen.

Berechnung des Kinderkrankengeldes

Das Krankengeld beträgt 90 Prozent des ausgefallenen Nettoarbeitsentgelts aus dem beitragspflichtigen Arbeitsentgelt der Versicherten, bei Bezug von beitragspflichtigem einmalig gezahltem Arbeitsentgelt in den der Freistellung von Arbeitsleistung vorangegangenen zwölf Kalendermonaten 100 Prozent des ausgefallenen Nettoarbeitsentgelts aus beitragspflichtigem Arbeitsentgelt; es darf 70 Prozent der Beitragsbemessungsgrenze nach § 223 Abs. 3 SGB V nicht überschreiten (2021: 112,88 Euro).

Erfolgt die Berechnung des Krankengeldes aus Arbeitseinkommen, beträgt dies 70 Prozent des erzielten regelmäßigen Arbeitseinkommens, soweit es der Beitragsberechnung unterliegt.

Krankengeld bei Organ- und Gewebespenden

Seit 2012 wird Krankengeld bei der Spende von Organen, Geweben oder Blut zur Separation von Blutstammzellen oder anderen Blutbestandteilen gewährt.

Das Krankengeld wird den Spendern von der Krankenkasse der Empfänger in Höhe des vor Beginn der Arbeitsunfähigkeit regelmäßig erzielten Nettoarbeitsentgelts oder Arbeitseinkommens bis zur Höhe der kalendertäglichen Beitragsbemessungsgrenze geleistet (2021: 161,25 Euro).

7.

Leistungen bei Schwangerschaft und Mutterschaft

7

Überblick

Die Vorschrift des § 24c SGB V normiert den Leistungsinhalt von ambulanten Leistungen der gesetzlichen Krankenversicherung bei Schwangerschaft und Mutterschaft.

Danach haben Versicherte Anspruch auf:

- ärztliche Betreuung und Hebammenhilfe,
- Versorgung mit Arznei-, Verband- und Heilmitteln,
- Entbindung,
- häusliche Pflege,
- Haushaltshilfe sowie
- Mutterschaftsgeld.

Ärztliche Betreuung und Hebammenhilfe

Durch die ärztliche Betreuung während der Schwangerschaft, bei und nach der Entbindung sollen mögliche Gefahren für Leben und Gesundheit von Mutter und Kind abgewendet, Gesundheitsstörungen rechtzeitig erkannt und einer Behandlung zugeführt werden. Als ärztliche Betreuung gelten solche Maßnahmen, die der Überwachung des Gesundheitszustandes der Schwangeren bzw. Wöchnerin dienen, soweit sie keine ärztliche Behandlung (§ 28 SGB V) sind.

Zur ärztlichen Betreuung gehören insbesondere Untersuchungen und Beratungen während der Schwangerschaft wie

- die frühzeitige Erkennung und besondere Überwachung von Risikoschwangerschaften und Risikogeburten (Ultraschalldiagnostik, Fruchtwasseruntersuchung),
- die serologische Untersuchung auf Infektionen (z. B. Röteln, Hepatitis B),
- medikamentöse Maßnahmen und Verordnungen von Verband- und Heilmitteln,
- Aufzeichnungen und Bescheinigungen (z. B. Bescheinigung über den mutmaßlichen Entbindungstag zur Vorlage bei der Krankenkasse zum Erhalt von Mutterschaftsgeld).

Mit Beschluss des Gemeinsamen Bundesausschusses vom 20.08.2020 wurde die nicht-invasive Pränataldiagnostik zur Bestimmung des Risikos autosomaler Trisomien 13, 18 und 21 mittels eines molekulargenetischen Tests (NIPT) bei Schwangerschaften mit besonderen Risiken in die Mutterschafts-Richtlinien und damit in den Leistungskatalog der GKV aufgenommen. Voraussetzung für die Durchführung eines NIPT ist, dass dieser geboten ist, um der Schwangeren eine Auseinandersetzung mit ihrer individuellen Situation hinsichtlich des Vorliegens einer Trisomie im Rahmen der ärztlichen Begleitung zu ermöglichen.

Weitere Informationen zu den Inhalten finden Sie in der Richtlinie des Gemeinsamen Bundesausschusses über die ärztliche Betreuung während der Schwangerschaft und nach der Entbindung.

Die ärztliche Betreuung fungiert als vorbeugende und heilende Maßnahme und als Hilfe bei der Entbindung. Zur ärztlichen Betreuung gehört auch die Geburtsvorbereitung während der Schwangerschaft. Diese Leistungen können von Hebammen, welche einen Vertrag nach § 134a SGB V haben, über die Versorgung mit Hebammenhilfe von freiberuflich tätigen Hebammen erbracht und gegenüber der Krankenkasse abgerechnet werden.

Praxis-Tipp:

Erkundigen Sie sich bei Ihrer Krankenkasse, ob evtl. auch die Kursgebühren für Männer als Satzungsleistung übernommen werden.

Auch die Rückbildungsgymnastik und Massage ist Gegenstand der ärztlichen Betreuung während der Schwangerschaft und wird von den gesetzlichen Krankenkassen übernommen. Die Hebammenhilfe ist Gegenstand der ärztlichen Betreuung und umfasst

- Leistungen der Mutterschaftsvorsorge und der Schwangerenbetreuung
- Geburtshilfe
- Leistungen während des Wochenbetts und
- sonstige Leistungen wie Beratung der Mutter bei Stillschwierigkeiten oder Rückbildungsgymnastik.

Hebammen können von den Versicherten zulasten der Krankenversicherung nur in Anspruch genommen werden, wenn diese einen Vertrag mit den Krankenkassen haben.

> **Praxis-Tipp:**
>
> *Eine Liste der zugelassenen Hebammen erhalten Sie bei Ihrer jeweiligen Krankenkasse. Des Weiteren kann die Krankenkasse in ihrer Satzung zusätzliche vom GB-A nicht ausgeschlossene Leistungen von Hebammen bei Schwangerschaft und Mutterschaft vorsehen.*

Versorgung mit Arznei-, Verband-, Heil- und Hilfsmitteln

Bei Schwangerschaftsbeschwerden und im Zusammenhang mit der Entbindung erhält die Versicherte über eine ärztliche Verordnung Arznei-, Verband-, Heil- und Hilfsmittel.

> **Wichtig:** Die Zuzahlungsregelungen für Arznei-, Verband-, Heil- und Hilfsmittel gelten im Zusammenhang mit Leistungen bei Schwangerschaft und Mutterschaft nicht, d. h., es sind für die Versicherten keine Zuzahlungen zu entrichten.

Sofern eine schwangere Frau Arznei-, Verband-, Heil- und Hilfsmittel nicht zum Zwecke der Entbindung, sondern wegen der über das gewöhnliche Maß hinausgehenden Schwangerschaftsbeschwerden benötigt, handelt es sich um Krankenbehandlung nach § 27 Abs. 1 SGB V, sodass die diesbezüglichen Zuzahlungsregelungen, wie unter Seite 113 dargestellt, Anwendung finden.

Entbindung

Die Versicherte kann zwischen einer ambulanten und einer stationären Entbindung wählen. Bei einer ambulanten Entbindung im Rahmen einer Hausgeburt kommt eine Leistungserbringung sowohl durch Vertragsärzte als auch durch Hebammen in Betracht. Weiterhin kann eine ambulante Entbindung auch in einer ärztlich geleiteten Einrichtung, einem Krankenhaus, durch Beleghebammen im Krankenhaus sowie in einer von einer Hebamme geleiteten Einrichtung in Betracht kommen.
Die stationäre Entbindung umfasst Unterkunft, Pflege und Verpflegung in einem zum Zwecke der Entbindung aufgesuchten Kranken-

haus oder in einer anderen Einrichtung. Dabei muss es sich allerdings um ein zugelassenes Krankenhaus nach § 107 SGB V oder eine andere stationäre Vertragseinrichtung handeln, in denen Geburtshilfe geleistet wird. Für die Inanspruchnahme stationärer Entbindung ist keine ärztliche Einweisung erforderlich.

> **Praxis-Tipp:**
>
> *Erkundigen Sie sich bei Ihrer Krankenkasse, ob es einen Zuschuss für eine Entbindung im Geburtshaus gibt.*

Erfolgt die Entbindung in einer Einrichtung, mit der kein Vertrag zur ambulanten oder stationären Durchführung der Geburtshilfe besteht, ist eine Kostenübernahme nicht möglich.

> **Praxis-Tipp:**
>
> *Hier bitte bei der Krankenkasse vor der Entbindung erkundigen, ob die Kostenübernahme erfolgen kann.*

7

Der Anspruch beginnt mit dem Tag, an dem die Schwangere in ein Krankenhaus zum Zwecke der Entbindung aufgenommen wird, also u. U. bereits einige Tage vor der Entbindung. Der Charakter der Leistung ändert sich nicht dadurch, dass die Frau vor der Entbindung wieder aus der stationären Einrichtung entlassen wird. Die Leistungsdauer der Entbindung ist nicht begrenzt. Sie endet daher mit der Entlassung aus der stationären Einrichtung nach der Entbindung.

Sofern eine Frau nicht zum Zwecke der Entbindung, sondern wegen der über das gewöhnliche Maß hinausgehenden Schwangerschaftsbeschwerden in ein Krankenhaus aufgenommen wird, handelt es sich um Krankenhausbehandlung nach § 39 SGB V. Die Entscheidung darüber trifft der behandelnde Arzt.

Befindet sich eine Frau bereits in Krankenhausbehandlung und wird nach der Entbindung nicht auf die Entbindungsstation verlegt, handelt es sich vom Entbindungstag an gleichwohl um stationäre Entbindung. Ebenso handelt es sich bis zur Entlassung um stationäre Entbindung, wenn die Frau nach der Entbindung von der Entbindungsstation auf eine andere Station des Krankenhauses verlegt wird.

> **Wichtig:** Die stationäre Entbindung ist keine Krankenhausbehandlung, sodass für den Zeitraum der stationären Entbindung kein Anspruch auf Krankenhausbehandlung besteht und deshalb auch keine Zuzahlung zu leisten ist.

Die Betreuung des gesunden Neugeborenen ist Bestandteil der stationären Entbindung der Mutter. Sofern das Neugeborene jedoch selbst der stationären Behandlung bedarf und wegen Krankheit in eine andere Abteilung desselben Krankenhauses oder in ein anderes Krankenhaus verlegt wird, liegt in der Person des Neugeborenen ein eigener Versicherungsfall vor.

Praxis-Tipp:

Prüfen Sie die Ansprüche auf Familienversicherung des Neugeborenen gegenüber der Krankenkasse.

Häusliche Pflege

Die häusliche Pflege kommt in erster Linie als Ergänzung zur Hebammenhilfe und zur ärztlichen Betreuung infrage. Sie umfasst Grundpflege (Waschen, Hygiene usw.) ohne hauswirtschaftliche Versorgung. Ziel ist, dass die Versicherte zu Hause verbleiben kann.

Der Antrag auf häusliche Pflege ist bei der Krankenkasse grundsätzlich vor dem Tätigwerden der Pflegekraft zu stellen. Diesem Antrag ist eine ärztliche Bescheinigung oder die einer Hebamme beizufügen, die Angaben über

- den Grund der häuslichen Pflege,
- die Art der Pflege,
- die Intensität der Pflege und
- die voraussichtliche Dauer der erforderlichen Maßnahme

enthält.

Eine zeitliche Begrenzung der häuslichen Pflege gibt es nicht. Sie ist deshalb solange zu gewähren, wie sie von einem Arzt oder einer Hebamme für notwendig erachtet wird. Der Umfang der Leistung bestimmt sich nach

- dem Gesundheitszustand der Versicherten und
- dem Bedürfnis nach persönlicher Betreuung.

Der Anspruch besteht allerdings nur, soweit eine im Haushalt lebende Person die Versicherte in dem erforderlichen Umfang nicht pflegen und versorgen kann.

Kann die Krankenkasse keine Kraft für die häusliche Pflege stellen oder besteht Grund, davon abzusehen, sind der Versicherten die Kosten für eine selbstbeschaffte Kraft in angemessener Höhe zu erstatten.

Haushaltshilfe

Haushaltshilfe nach § 24h SGB V – also eine Unterstützung für hauswirtschaftliche Tätigkeiten (z. B. Beschaffung und Zubereitung von Mahlzeiten, Wäschepflege, Reinigung der Wohnung) – erhält die Versicherte nur, soweit ihr wegen Schwangerschaft oder Entbindung die Weiterführung des Haushalts nicht möglich ist und eine andere im Haushalt lebende Person den Haushalt nicht weiterführen kann. Der Anspruch setzt im Gegensatz zum Anspruch auf Haushaltshilfe bei Krankheit (siehe Seite 104 im Kapitel 4). nicht voraus, dass in dem Haushalt ein Kind unter zwölf Jahren oder ein behindertes Kind lebt.

Für den Anspruch nach § 24h SGB V muss die Schwangerschaft oder die Entbindung ursächlich dafür sein, dass die Versicherte den Haushalt nicht weiterführen kann. Ist die Ursache eine Krankheit, so bemisst sich der Anspruch nach § 38 SGB V.

Auch hier ist eine zeitliche Begrenzung nicht vorgesehen. Sie ist deshalb solange zu gewähren, wie sie von einem Arzt oder einer Hebamme wegen Schwangerschaft oder Entbindung für notwendig und begründet erachtet wird.

Die Haushaltshilfe ist vor ihrer Inanspruchnahme bei der Krankenkasse zu beantragen. Diesem Antrag ist eine Bescheinigung eines Arztes oder einer Hebamme beizufügen mit folgenden Angaben:

- Grund der Haushaltshilfe (Diagnose)
- täglichem Umfang
- voraussichtlicher Dauer des Unterstützungsbedarfs

Kann die Krankenkasse keine Haushaltshilfe stellen oder besteht Grund, davon abzusehen, so sind der Versicherten die Kosten für eine selbstbeschaffte Haushaltshilfe in angemessener Höhe zu erstatten. Für Verwandte und Verschwägerte bis zum 2. Grad werden keine Kosten erstattet.

Mutterschaftsgeld

Anspruch auf Mutterschaftsgeld haben weibliche Versicherte,

- die wegen Arbeitsunfähigkeit Anspruch auf Krankengeld haben oder
- denen wegen der Schutzfristen nach § 3 MuSchG kein Arbeitsentgelt gezahlt wird.

Mutterschaftsgeld erhalten auch Frauen, deren Arbeitsverhältnis unmittelbar am Tag vor Beginn der Schutzfrist nach § 3 Abs. 1 MuSchG endet, wenn sie am letzten Tag des Arbeitsverhältnisses Mitglied einer Krankenkasse waren. Es wird nicht zwischen Arbeitnehmerinnen und anderen Versicherten unterschieden. Somit gehören alle Frauen zum anspruchsberechtigten Personenkreis, sofern sie bei Arbeitsunfähigkeit Anspruch auf Krankengeld haben.

Ferner sind solche weiblichen Versicherten anspruchsberechtigt, die zwar keinen Anspruch auf Krankengeld haben, denen jedoch wegen der Schutzfristen kein Arbeitsentgelt gezahlt wird. Dazu gehören z. B.

- Arbeitslosengeld II-Empfängerinnen,
- Studentinnen,
- Bezieherinnen einer Rente aus der gesetzlichen Rentenversicherung oder
- freiwillig Versicherte, die in einem Arbeitsverhältnis stehen, das krankenversicherungsfrei ist (z. B. im Rahmen eines Minijobs).

Familienversicherte Frauen, die eine geringfügige bzw. kurzfristige Beschäftigung (Minijob) ausüben, haben Anspruch auf Mutterschaftsgeld gegenüber dem Bundesamt für soziale Sicherung in Höhe von maximal 210 Euro.

> ***Praxis-Tipp:***
>
> *Nähere Information erhalten Sie auf der Internetseite des Bundesamtes für soziale Sicherung (www.bas.de).*

Anspruch auf Mutterschaftsgeld in Höhe des Nettoarbeitsentgelts besteht für Mitglieder, die bei Beginn der Schutzfrist

- in einem Arbeitsverhältnis stehen oder
- in Heimarbeit beschäftigt sind oder
- deren Arbeitsverhältnis während der Schutzfrist beginnt oder
- deren Arbeitsverhältnis während der Schwangerschaft oder der Schutzfrist nach § 3 Abs. 2 MuSchG vom Arbeitgeber nach § 17 MuSchG zulässig aufgelöst worden ist.

Die Schutzfrist beginnt sechs Wochen (42 Tage) vor dem voraussichtlichen Entbindungstag. Der Beginn der Schutzfrist bestimmt sich aus der beim Arbeitgeber vorzulegenden Bescheinigung. Der nach dem voraussichtlichen Entbindungstag errechnete Beginn der Schutzfrist ändert sich nicht, wenn die Frau nicht am voraussichtlichen Termin entbindet.

7

> **Wichtig:** Für Ihren Anspruch auf Zahlung von Mutterschaftsgeld gegenüber der Krankenkasse benötigen Sie eine Bescheinigung über den mutmaßlichen Entbindungstermin, die von Ihrem Arzt oder Ihrer Hebamme i. d. R. frühestens sieben Wochen vor dem mutmaßlichen Entbindungstermin ausgestellt wird.

Als Mutterschaftsgeld wird das um die gesetzlichen Abzüge verminderte durchschnittliche kalendertägliche Arbeitsentgelt der letzten drei abgerechneten Kalendermonate vor Beginn der Schutzfrist nach § 3 Abs. 2 MuSchG gezahlt, höchstens jedoch 13 Euro für den Kalendertag.

Für die Ermittlung des kalendertäglichen Arbeitsentgelts bleiben einmalig gezahltes Arbeitsentgelt sowie Kürzungen des Arbeitsentgelts, z. B. infolge von Kurzarbeit, Arbeitsausfällen oder unverschuldeten Arbeitsversäumnissen, außer Betracht. Das Mutterschaftsgeld ist vorrangig auf der Grundlage des tatsächlichen Arbeitsentgelts zu ermitteln.

Versicherte, deren durchschnittliches kalendertägliches Nettoarbeitsentgelt 13 Euro übersteigt, erhalten für die Dauer der Mutterschaftsgeldzahlung den 13 Euro übersteigenden Betrag als Zuschuss zum Mutterschaftsgeld von ihrem Arbeitgeber, sodass für die Zeit der Schutzfristen das bisherige Nettoarbeitsentgelt erhalten bleibt.

Während der Elternzeit sind Ansprüche auf Leistungen nach § 20 MuSchG (Zuschuss des Arbeitgebers zum Mutterschaftsgeld) aus dem wegen der Elternzeit ruhenden Arbeitsverhältnis ausgeschlossen. Entbindet eine Frau während der Elternzeit erneut, besteht weiterhin Anspruch auf Mutterschaftsgeld nach den vor der ersten Entbindung geltenden Rechtsgrundlagen, allerdings ist ein Zuschuss des Arbeitgebers im Rahmen der zweiten Entbindung während der Schutzfristen ausgeschlossen.

„Andere weibliche Mitglieder" erhalten Mutterschaftsgeld in Höhe des Krankengeldes. Andere Mitglieder in diesem Sinne sind Frauen, die bei Arbeitsunfähigkeit aus ihrem Versicherungsverhältnis Anspruch auf Krankengeld haben und

- nach den Regelungen des § 24i Abs. 1 Satz 1 SGB V Anspruch auf Mutterschaftsgeld haben, aber bei Beginn der Schutzfrist weder in einem Arbeitsverhältnis stehen bzw. in Heimarbeit beschäftigt sind, noch deren Arbeitsverhältnis während der Schwangerschaft zulässig aufgelöst wurde (Nicht-Arbeitnehmerinnen) oder
- bei Beginn der Schutzfrist in einem Arbeitsverhältnis standen und Mutterschaftsgeld in Höhe von 13 Euro kalendertäglich erhalten, deren Anspruch auf den Arbeitgeberzuschuss jedoch während der Schutzfrist wegfällt.

Zu den anspruchsberechtigten Nicht-Arbeitnehmerinnen gehören u. a.

- freiwillig versichert Selbstständige, die mit Anspruch auf Krankengeld versichert sind,
- Empfängerinnen von Arbeitslosengeld nach dem SGB III sowie
- Künstlerinnen und Publizistinnen.

Das Mutterschaftsgeld wird gezahlt für

- die letzten sechs Wochen vor der Entbindung,
- den Entbindungstag und
- die ersten acht Wochen nach der Entbindung bzw.

- die ersten zwölf Wochen nach der Entbindung bei Mehrlings- und Frühgeburten.

Die Bezugszeit verlängert sich auch auf zwölf Wochen, wenn vor Ablauf von acht Wochen nach der Entbindung bei dem Kind eine Behinderung im Sinne von § 2 Abs. 1 Satz 1 SGB IX ärztlich festgestellt wird und die Mutter die verlängerte Auszahlung von Mutterschaftsgeld bei der Krankenkasse beantragt.

Bei Frühgeburten oder sonstigen vorzeitigen Entbindungen verlängert sich die Bezugsdauer um den Zeitraum, der vor der Entbindung wegen der Frühgeburt bzw. der sonstigen vorzeitigen Geburt nicht in Anspruch genommen werden konnte.

Der Anspruch auf Mutterschaftsgeld ruht, soweit und solange das Mitglied beitragspflichtiges Arbeitsentgelt, Arbeitseinkommen oder Urlaubsabgeltung erhält. Dies gilt nicht für einmalig gezahltes Arbeitsentgelt.

Während des Anspruchs oder des Bezugs von Mutterschaftsgeld bleibt die Mitgliedschaft Versicherungspflichtiger nach § 192 Abs. 1 Nr. 2 SGB V erhalten. Des Weiteren besteht für die Dauer des Anspruchs oder des Bezugs von Mutterschaftsgeld Beitragsfreiheit zur Kranken- und Pflegeversicherung. Diese Regelung gilt allerdings nur für den Bezug von Mutterschaftsgeld.

7

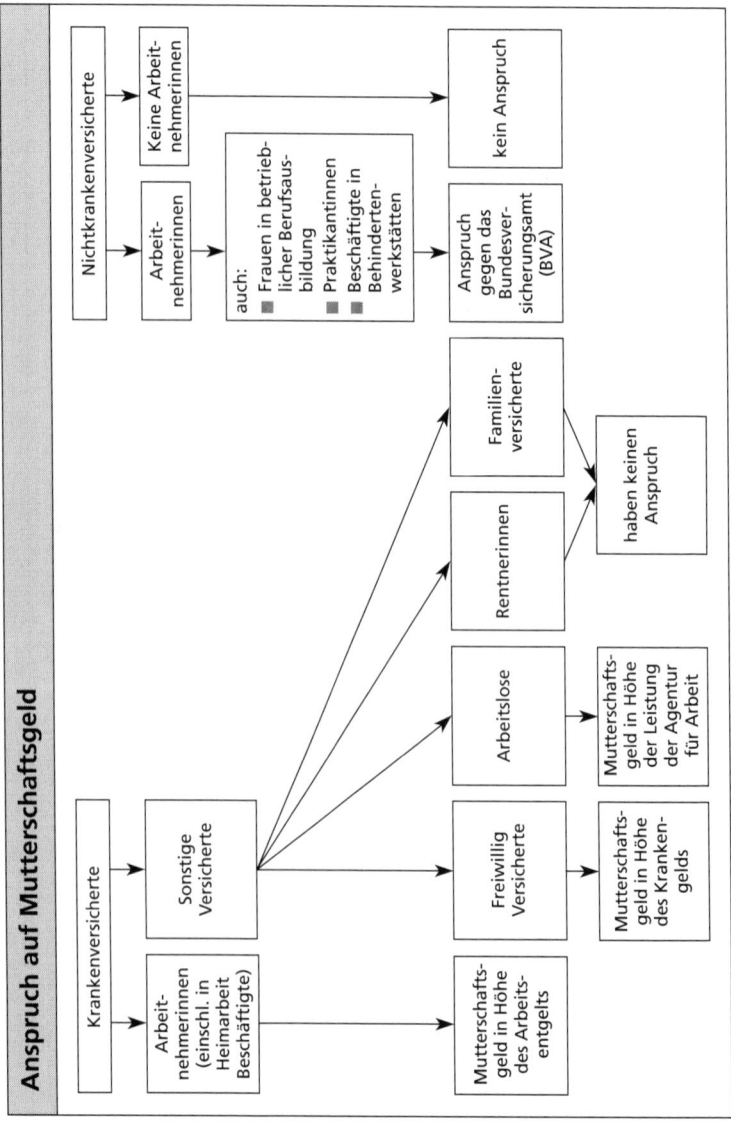

Anspruch auf Mutterschaftsgeld

Krankenversicherte

Arbeitnehmerinnen (einschl. in Heimarbeit Beschäftigte) → Mutterschaftsgeld in Höhe des Arbeitsentgelts

Sonstige Versicherte →
- Freiwillig Versicherte → Mutterschaftsgeld in Höhe des Krankengelds
- Arbeitslose → Mutterschaftsgeld in Höhe der Leistung der Agentur für Arbeit
- Rentnerinnen → haben keinen Anspruch
- Familienversicherte → haben keinen Anspruch

Nichtkrankenversicherte

Keine Arbeitnehmerinnen → kein Anspruch

Arbeitnehmerinnen →
auch:
- Frauen in betrieblicher Berufsausbildung
- Praktikantinnen
- Beschäftigte in Behindertenwerkstätten

→ Anspruch gegen das Bundesversicherungsamt (BVA)

8.

Familienversicherung

8

Anspruchsberechtigter Personenkreis

§ 10 SGB V begründet für versicherte Familienangehörige eine eigenständige Versicherung. Die Versicherung ist an das Mitgliedschaftsverhältnis des Mitglieds gebunden. Die Familienversicherung tritt kraft Gesetzes ein.

Die Familienversicherung kommt kraft Gesetzes zustande und endet, wenn diese Voraussetzungen nicht mehr gegeben sind. Die Familienangehörigen haben grundsätzlich die gleichen Leistungsansprüche wie alle anderen Versicherten; Ausnahmen werden explizit vom Gesetzgeber in den Vorschriften des Leistungsrechts der Krankenversicherung genannt, so ist z. B. in § 44 Abs. 2 Nr. 1 SGB V kein Anspruch auf Krankengeld für Familienversicherte geregelt. Familienversicherte können, soweit sie das 15. Lebensjahr vollendet haben, Leistungsanträge selbst stellen oder zurücknehmen, Leistungen entgegennehmen und sind im Sozialgerichtsverfahren zur Verfolgung ihrer Ansprüche aktiv legitimiert. Für Kinder, die das 15. Lebensjahr noch nicht vollendet haben, hat der gesetzliche Vertreter die Rechte aus der Familienversicherung geltend zu machen, vgl. § 36 SGB I Handlungsfähigkeit.

Versicherter Personenkreis

Versichert in der Familienversicherung sind der Ehegatte, der Lebenspartner und die Kinder von Mitgliedern, wenn die Voraussetzungen erfüllt sind – insbesondere, dass der betreffende Familienangehörige

- seinen Wohnsitz oder gewöhnlichen Aufenthalt im Inland hat,
- nicht pflicht- oder freiwillig versichert ist (in der GKV),
- nicht versicherungsfrei (z. B. als Beamter) oder nicht von der Versicherungspflicht befreit ist, dabei bleibt allerdings die Versicherungsfreiheit als geringfügig Beschäftigter außer Betracht,
- nicht hauptberuflich selbstständig erwerbstätig ist und
- kein Gesamteinkommen hat, das regelmäßig im Monat ein Siebtel der monatlichen Bezugsgröße überschreitet.

Ehegatte

Das Bürgerliche Gesetzbuch enthält keine Begriffsbestimmung der Ehe. Es fasst sie als die mit Eheschließungswillen eingegangene, staatlich anerkannte dauernde Lebensgemeinschaft zwischen Mann und Frau auf. Demzufolge sind Mann und Frau, die in einer Ehe verbunden sind, Ehegatten. Die Ehegattengemeinschaft setzt das Bestehen einer rechtsgültigen Ehe voraus. Nur die nach der geltenden Rechtsordnung rechtsgültig geschlossene Ehe steht unter dem besonderen Schutz des Staates (Artikel 6 Grundgesetz).

Entscheidend ist der rechtliche Status; die tatsächlichen Verhältnisse lösen keine sozialrechtlichen Wirkungen aus. Eine eheähnliche Gemeinschaft zwischen so genannten Lebensgefährten bewirkt daher keine Ehegatten-Eigenschaft.

Eine Anwendung der Familienversicherung auf Verlobte und Partner einer eheähnlichen Lebensgemeinschaft ist ausgeschlossen; etwas anderes gilt nur für Lebenspartner im Sinne des Lebenspartnerschaftsgesetzes.

8

Lebenspartner

Durch das Gesetz zur Beendigung der Diskriminierung gleichgeschlechtlicher Gemeinschaften (Lebenspartnerschaftsgesetz – LPartG), das am 01.08.2001 in Kraft getreten ist, wurde ein eigenes familienrechtliches Institut, die „eingetragene Lebenspartnerschaft" für gleichgeschlechtliche Paare, geschaffen. Die Lebenspartner sind in den Schutz der Familienversicherung mit aufgenommen worden. Die Möglichkeit wurde mit dem Zeitpunkt geschaffen, von dem an die Lebenspartnerschaft im Sinne des § 1 LPartG begründet wurde.

Kinder

Die Familienversicherung bezieht die Kinder von Mitgliedern in die Versicherung ein, jedenfalls zu bestimmten Altersgrenzen, wie aus nachfolgendem Schaubild ersichtlich:

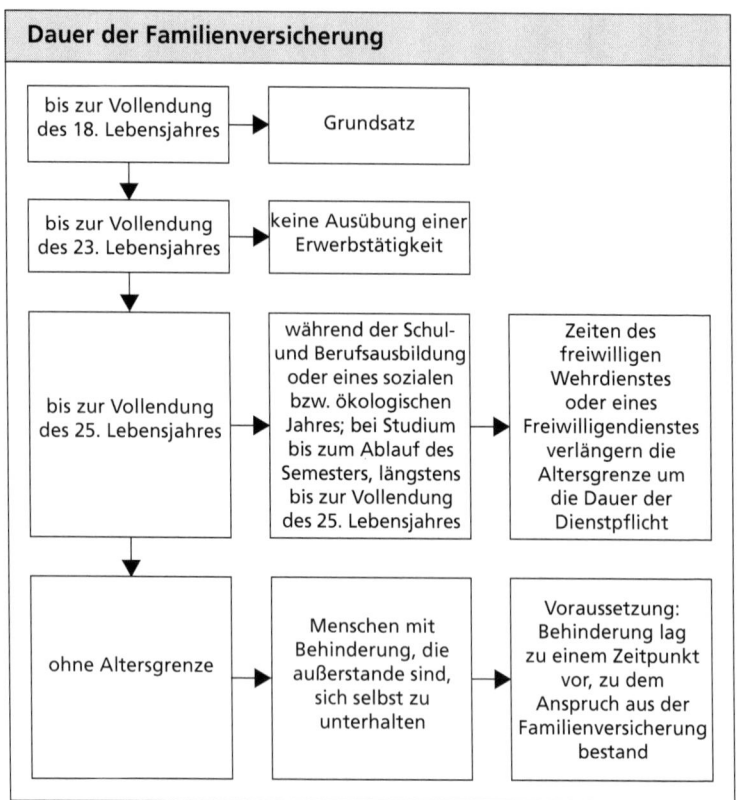

Zu den Kindern gehören auch die Kinder von familienversicherten Kindern. Sie sind zwar (im Verhältnis zum Mitglied) grundsätzlich auch als Enkel familienversichert (vgl. § 10 Abs. 4 SGB V), wenn das Mitglied sie überwiegend unterhält oder in seinen Haushalt aufgenommen hat. Sämtliche Regelungen der Familienversicherung, die auf Kinder bezogen sind, gelten daher auch für die Kinder von familienversicherten Kindern.

Als Kinder in diesem Sinne gelten auch die Stiefkinder und Enkel sowie Pflegekinder und Adoptionspflegekinder.

Die Ausschlussregelung des § 10 Abs. 3 SGB V

Kinder sind auch bei Erfüllung aller genannten Voraussetzungen nicht familienversichert, wenn der mit dem Kind verwandte Ehegatte oder Lebenspartner des Mitglieds – häufig der andere Elternteil –

- selbst nicht Mitglied einer gesetzlichen Krankenkasse ist und
- sein Gesamteinkommen regelmäßig im Monat ein Zwölftel der Jahresarbeitsentgeltgrenze übersteigt und
- regelmäßig höher als das Gesamteinkommen des Mitglieds ist, wobei bei Renten der Zahlbetrag berücksichtigt wird.

Ein Zwölftel der Jahresarbeitsentgeltgrenze beläuft sich im Jahr 2021 auf 5.362,50 Euro. In sog. Bestandsfällen nach § 6 Abs. 7 SGB V beläuft es sich auf 4.837,50 Euro; es geht hier um Personen, die am 31.12.2002 wegen Überschreitung der an diesem Tag geltenden Jahresarbeitsentgeltgrenze versicherungsfrei und privat krankenversichert waren.

Das Gesetz geht in diesen Fällen davon aus, dass das höhere Einkommen des nicht gesetzlich versicherten Ehegatten die wirtschaftliche Grundlage der Familie bildet. Deshalb soll der Krankenversicherungsschutz des Kindes nicht durch eine – beitragsfreie – Anbindung an die Stammversicherung des geringer verdienenden, gesetzlich versicherten Stammmitglieds, sondern durch eine private Absicherung erfolgen.

> **Wichtig:** Für miteinander verheiratete Eltern, von denen nur ein Teil gesetzlich krankenversichert ist, bedeutet die Regelung, dass der – kurz gesagt – besserverdienende Ehegatte die Kinder in der privaten Krankenversicherung gegen einen zusätzlichen Beitrag versichern muss.

Besteht wegen § 10 Abs. 3 SGB V keine Familienversicherung, kann das Kind unter den Voraussetzungen des § 9 Abs. 1 Satz 1 Nr. 2 SGB V freiwillig in der gesetzlichen Krankenversicherung versichert werden. Endet die Familienversicherung wegen gestiegenen Einkommens des nicht gesetzlich versicherten Elternteils, ist stattdessen die obligatorische Anschlussversicherung maßgeblich.

Praxis-Tipp:

Bitte setzen Sie sich zur Prüfung der Familienversicherung mit Ihrer Kranken-kasse in Verbindung und achten Sie auch darauf, den jährlich zugesandten Bestandsfragebogen zur Familienversicherung zeitnah zurückzusenden, da ansonsten ggf. der Versicherungsschutz gefährdet sein kann.

8

9.

Kostenerstattung, selbstbeschaffte Leistung und Wahltarife

9

Kostenerstattung

Nach § 13 Abs. 2 SGB V können Versicherte anstelle der Sach- oder Dienstleistungen Kostenerstattung wählen.

Hierüber haben sie ihre Krankenkasse vor Inanspruchnahme der Leistung in Kenntnis zu setzen. Der Leistungserbringer hat die Versicherten vor Inanspruchnahme der Leistung darüber zu informieren, dass Kosten, die nicht von der Krankenkasse übernommen werden, von dem Versicherten zu tragen sind. Eine Einschränkung der Wahl auf den Bereich der ärztlichen Versorgung, der zahnärztlichen Versorgung, den stationären Bereich oder auf veranlasste Leistungen ist möglich.

Nicht im SGB V genannte Leistungserbringer dürfen nur nach vorheriger Zustimmung der Krankenkasse in Anspruch genommen werden. Eine Zustimmung kann erteilt werden, wenn medizinische oder soziale Gründe eine Inanspruchnahme dieser Leistungserbringer rechtfertigen und eine zumindest gleichwertige Versorgung gewährleistet ist. Die Inanspruchnahme von Leistungserbringern, die kollektiv auf ihre Zulassung verzichtet haben, ist im Wege der Kostenerstattung ausgeschlossen.

Anspruch auf Erstattung besteht höchstens in Höhe der Vergütung, die die Krankenkasse bei Erbringung als Sachleistung zu tragen hätte. Die Satzung der Krankenkasse hat das Verfahren der Kostenerstattung und etwaige Abschläge für Verwaltungskosten (höchstens 5 Prozent sind erlaubt!) zu regeln.

> **Wichtig:** Die Versicherten sind an ihre Wahl der Kostenerstattung mindestens ein Kalendervierteljahr gebunden.

Selbstbeschaffte Leistung

Konnte die Krankenkasse eine unaufschiebbare Leistung nicht rechtzeitig erbringen oder hat sie eine Leistung zu Unrecht abgelehnt und sind dadurch dem Versicherten für die selbstbeschaffte Leistung Kosten entstanden, sind diese von der Krankenkasse in der entstandenen Höhe zu erstatten, soweit die Leistung notwendig war.

Ein ausnahmsweiser Anspruch auf Kostenerstattung gegen die eigene Krankenkasse kann im Wesentlichen in Betracht kommen, wenn die Krankenkasse eine Leistung zu Unrecht abgelehnt hat, die unaufschiebbare Leistung nicht rechtzeitig erbringen konnte oder der Leistungsantrag nicht innerhalb der vorgegebenen Frist bearbeitet wurde. Für diese drei Ausnahmefälle gibt es strenge Voraussetzungen, die gegeben sein müssen, damit der Versicherte nicht am Ende auf seinen Kosten sitzen bleibt:

Der Anspruch auf Kostenerstattung wegen zu Unrecht abgelehnter Leistung setzt die medizinische Notwendigkeit der Leistung sowie einen Anspruch des Versicherten auf die von der Krankenkasse abgelehnte Leistung voraus.

Der Anspruch auf Kostenerstattung wegen nicht rechtzeitiger Leistung setzt voraus, dass es sich um einen Notfall – jedenfalls aber um eine unaufschiebbare Leistung – handelt und es der Krankenversicherung daher zeitlich unmöglich war, die Leistung rechtzeitig zu erbringen.

Eine wichtige Regelung trifft § 13 Abs. 3a SGB V – die Kostenerstattung von selbstbeschafften erforderlichen Leistungen –, wenn die Krankenkasse über einen Leistungsantrag nicht innerhalb der vorgegebenen Fristen entscheidet. Diese 2013 eingeführte Vorschrift soll die Entscheidungsprozesse bei den Krankenkassen beschleunigen. Es gelten folgende Fristen: Bearbeitungsfrist nach Eingang des Leistungsantrags von drei Wochen, fünf Wochen bei Notwendigkeit einer gutachtlichen Stellungnahme bzw. sechs Wochen bei Notwendigkeit eines im Bundesmantelvertrag für Zahnärzte vorgesehenen Gutachterverfahrens.

Über diese Fristüberschreitung hinaus muss sich die Krankenkasse still verhalten haben, also keine schriftliche Mitteilung inklusive Begründung an den Versicherten geschickt haben, weshalb die Bearbeitungsfrist überschritten wird.

Wichtig: Der Kostenerstattungsanspruch wegen Fristüberschreitung umfasst nicht nur Regelleistungen der Krankenkasse, sondern auch Leistungen, die nicht offensichtlich außerhalb des Leistungskataloges der gesetzlichen Krankenversicherung liegen. Sie müssen aber jedenfalls erforderlich sein.

Selbstbehalt, Wahltarife

Die Krankenkasse kann in ihrer Satzung vorsehen, dass Mitglieder jeweils für ein Kalenderjahr einen Teil der von der Krankenkasse zu tragenden Kosten übernehmen können (Selbstbehalt). Die Krankenkasse hat für diese Mitglieder Prämienzahlungen vorzusehen.

Die Krankenkasse kann in ihrer Satzung für Mitglieder, die im Kalenderjahr länger als drei Monate versichert waren, eine Prämienzahlung vorsehen, wenn sie und ihre mitversicherten Angehörigen in diesem Kalenderjahr Leistungen zulasten der Krankenkasse nicht in Anspruch genommen haben.

Die Prämienzahlung darf ein Zwölftel der jeweils im Kalenderjahr gezahlten Beiträge nicht überschreiten und wird innerhalb eines Jahres nach Ablauf des Kalenderjahres an das Mitglied gezahlt. Die Leistungen zur Verhütung und Früherkennung von Krankheiten mit Ausnahme der Leistungen für ambulante medizinische Vorsorgeleistungen und den Leistungen für medizinische Vorsorge für Mütter und Väter, Leistungen der Empfängnisverhütung und Leistungen bei Schwangerschaftsabbruch und Sterilisation sowie Leistungen für Versicherte, die das 18. Lebensjahr noch nicht vollendet haben, bleiben unberücksichtigt.

Besondere Wahltarife gibt es für den Krankengeldanspruch von selbstständig Tätigen (freiwillig Versicherte). Dabei beträgt die Mindestbindungsfrist drei Jahre.

> **Praxis-Tipp:**
>
> *Die in diesem Kapitel angesprochenen Sachverhalte werden im Wesentlichen von den Satzungen der gesetzlichen Krankenkassen beeinflusst. Machen Sie daher von der Möglichkeit des § 196 SGB V Gebrauch, Einsichtnahme in die Satzung zu nehmen.*

Stichwortverzeichnis

10

10

10